一体化客运换乘系统研究

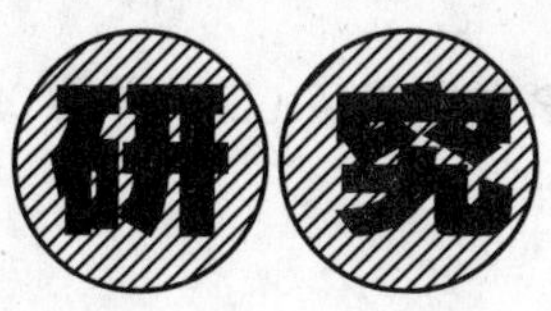

孙小年 姜彩良 编著

人民交通出版社

图书在版编目（CIP）数据

一体化客运换乘系统研究/ 孙小年，姜彩良编著. —北京：人民交通出版社，2007.8
ISBN 978－7－114－06632－0

Ⅰ.—… Ⅱ.①孙…②姜… Ⅲ .公路运输－定线旅客运输－研究 Ⅳ.U492.4

中国版本图书馆 CIP 数据核字（2007）第 085593 号

书　　名：一体化客运换乘系统研究
著 作 者：孙小年　姜彩良
责任编辑：乔文平
出版发行：人民交通出版社
地　　址：（100011）北京市朝阳区安定门外外馆斜街 3 号
网　　址：http：//www.ccpress.com.cn
销售电话：（010）85285838，85285995
总 经 销：北京中交盛世书刊有限公司
经　　销：各地新华书店
印　　刷：北京宝莲鸿图科技有限公司
开　　本：787×960　1/16
印　　张：15
字　　数：133 千
版　　次：2007 年 8 月　第 1 版
印　　次：2007 年 8 月　第 1 次印刷
书　　号：ISBN 978－7－114－06632－0
印　　数：0001～2000 册
定　　价：28.00 元

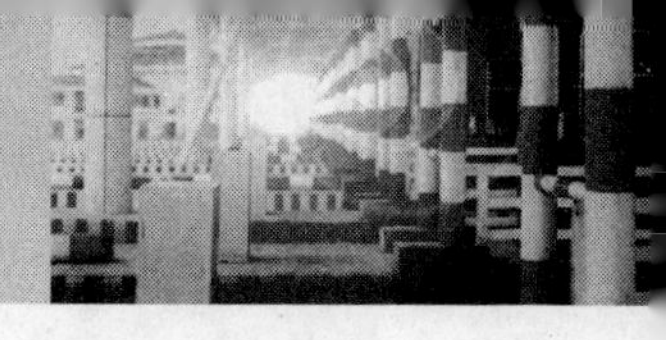

序言

Xuyan

一体化公路客运换乘系统的建设是完善综合运输体系的关键和切入点,对贯彻科学发展观,坚持以人为本的理念,提高客运交通的效率,为乘客提供安全、便捷的运输服务,促进交通现代化等均有重要的现实意义和长远意义。该项研究具有前瞻性。

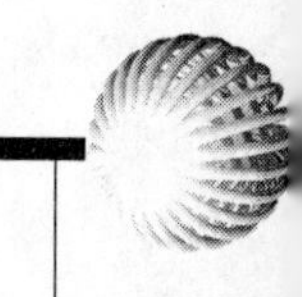

本书从战略和规划层面,以公路客运节点为切入点研究一体化换乘系统,分析了大量可贵的实证案例,体现了客运换乘系统建设中许多新的理念,对一体化运输系统、一体化客运换乘系统、公路客运换乘枢纽的内涵及其相互关系作了有益的探讨,并对公路客运换乘系统的发展条件、宏观布局、微观组织及其建设、运营和管理等进行了较全面研究,对推动公路客运换乘枢纽的发展具有积极作用,有益于促进一体化公路客运换乘系统的建设。

本书同时深入分析了我国当前客运换乘枢纽存在的主要问题,从投资主体、建设模式、政府作用、规划布局、标准规范等方面提出了一些意见和建议,对推动公路客运换乘枢纽的发展具有指导意义。

相信本书的出版对于提高我国公路客运换乘枢纽的发展、推进综合交通的发展具有重要意义。

前言

Qianyan

一体化运输是指各种运输方式在社会化的运输范围内和运输过程中，按其技术经济特点组成分工协作、有机结合、布局合理的综合运输体系。而要实现客运一体化的发展，客运换乘枢纽的建设是解决问题的关键，也是建设与完善综合运输体系的切入点，并且现代社会经济的发展客观上也要求实现各种运输方式的有效衔接，建立高效、安全、便捷的客运换乘系统。

目前，我国许多中心城市都在开展城乡一体化运输规划，而城乡一体化运输规划中的一个重要方面是解决城乡客运交通方式之间的换乘衔接问题。但目前，在我国对于城乡客运换乘、衔接规划缺少系统的规划理论方法来指导，交通部对此类规划也缺乏相应的指导意见。同时，在城际运输中，目前我国城际客运仍然按照公路枢纽、港口枢纽、铁路枢纽和航空枢纽等不同形式，分别进行独立规划，在每一类规划中虽然考虑了其他运输方式的影响，但这种各自为政的规划模式带来的主要问题之一，就是造成不同运输方式规划和建设缺乏统一的部署，影响综合客运体系的运行效率，不利于整个客运换乘枢纽的建设，不利于客运一体化的发展。

本书依托交通部前期工作费项目，通过国内外客运换乘

枢纽的调研分析，研究了我国客运枢纽换乘衔接所存在的主要问题，探讨客运换乘衔接的内涵、客运换乘枢纽的基本属性及一体化客运的系统发展条件，并从体制改革、制度建设、技术协调等方面探讨了适合我国公路客运一体化发展的交通换乘规划、建设的指导意见，以促进我国客运交通体系中各种运输方式之间的协调发展，提高客运交通体系运行效率。研究主要目的包括以下几点：

1）分析我国客运枢纽换乘衔接所存在的问题，探讨国外客运换乘枢纽发展经验与启示，为解决我国客运换乘衔接问题提出发展思路与方法；

2）研究一体化公路客运换乘系统的发展条件和发展目标；

3）从枢纽的布局、换乘衔接组织以及客运换乘信息化建设等方面研究一体化公路客运换乘枢纽发展方法；

4）探讨实施一体化公路客运换乘系统规划的措施和建议，并在此基础上提出公路客运换乘枢纽发展指导意见。

本书在编写过程中参阅了大量国内外相关资料，参与各章编写的还有徐英俊、王伟、胡铁钧、王江平、石琼、陈幼林和王东。在研究过程中，交通部专家委员会刘鹏委员、交通部规划司战略处刘占山处长、人民交通出版社杨文银社长、清华大学史其信教授、同济大学杨东援教授、交通部科学研究院周伟院长、石宝林副院长等交通工程专家与领导在研究过程中提出了许多宝贵和中肯的意见。同时本书在出版过程中得到了人民交通出版社的大力支持，在此一并表示由衷地感谢。

由于综合客运换乘枢纽的研究至今尚无系统化，加上作者水平有限，书中难免有所疏漏和不当之处，恳请专家、读者批评指正，以期不断改进和完善。

编 者

2007 年 4 月

目录
Mulu

图形目录

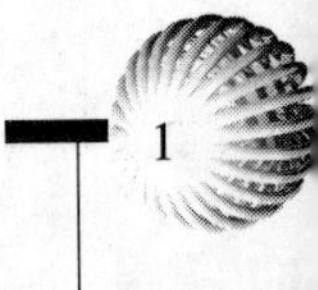

1 概 述

1.1 研究背景

随着我国城市化及机动化进程的加快，大城市产生了越来越多的现有交通基础设施无法承受的交通需求，产生了诸如交通堵塞、停车困难、换乘不便、环境恶化等一系列交通问题。问题的产生虽然和交通需求总量的不断增长与交通设施供应滞后之间的矛盾有关，但更重要的原因在于在既定的交通供给水平下，一体化运输水平较低，已有的各种运输方式没能实现有效的衔接。

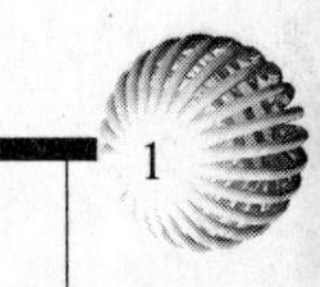

一体化运输是指各种运输方式在社会化的运输范围内和运输过程中，按其技术经济特点组成分工协作、有机结合、布局合理的综合运输体系。而要实现客运一体化的发展，客运换乘枢纽的建设是解决问题的关键，也是建设与完善综合运输体系的切入点，并且现代社会经济的发展客观上也要求实现各种运输方式的有效衔接，建立高效、安全、便捷的客运换乘系统。

目前，我国许多中心城市都在开展城乡一体化运输规划，而城乡一体化运输规划中的一个重要方面是解决城乡客运交通方式之间的换乘衔接问题。但目前，我国对于城乡客运换乘、衔接规划，缺少系统的规划理论方

法来指导，交通部对此类规划也缺乏相应的指导意见。在城际运输中，目前我国城际客运仍然按照公路枢纽、港口枢纽、铁路枢纽和航空枢纽等不同形式，分别进行独立规划，虽然规划中考虑了其他运输方式的影响，但这种各自为政的规划模式造成不同运输方式规划和建设缺乏统一的部署，影响综合客运体系的运行效率，不利于整个客运换乘枢纽的建设，不利于客运一体化的发展。交通部是国务院城市规划部际协调会成员，参加建设部组织的城市（城镇体系）规划审查（每年审查近20项）。审查时协调较多的是原交通部和各省联合审批的公路主枢纽规划，近年来已批复的45个公路主枢纽发生了很大变化，同时国家高速公路网已通过国务院批准，国家公路运输枢纽总体布局规划也已出台，新的经济、交通格局的发展对客运一体化发展的要求日益突出，在城市总体规划审查时交通部也需要对此提出相关的规划原则、方法和指导意见，因此开展一体化客运换乘系统规划研究非常必要，对于改进公路客运枢纽的规划建设，推进一体化客运换乘系统的发展，促进综合运输体系的建立和完善具有现实与长远意义。

1.2 研究目的与必要性

1.2.1 研究目的

该研究，通过国内外客运换乘枢纽的调研分析，研究我国客运枢纽换乘衔接所存在的主要问题，探讨客运

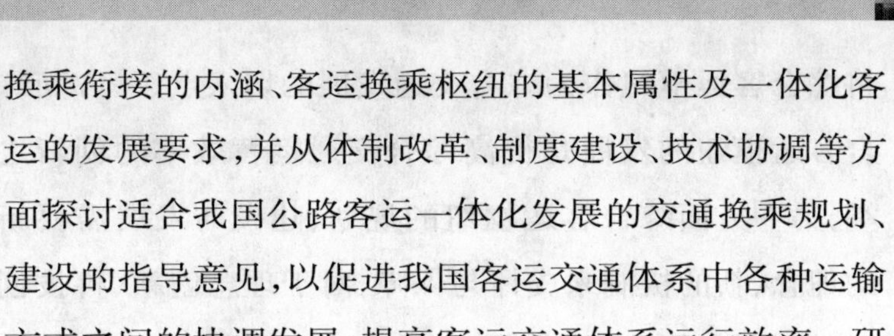

换乘衔接的内涵、客运换乘枢纽的基本属性及一体化客运的发展要求，并从体制改革、制度建设、技术协调等方面探讨适合我国公路客运一体化发展的交通换乘规划、建设的指导意见，以促进我国客运交通体系中各种运输方式之间的协调发展，提高客运交通体系运行效率。研究的主要目的包括以下几点：

（1）分析我国客运枢纽换乘衔接所存在的问题，探讨国外客运换乘枢纽发展经验与启示，为解决我国客运换乘衔接问题提出发展思路与方法；

（2）研究一体化公路客运换乘系统的发展条件和发展目标；

（3）从枢纽的布局、换乘衔接组织以及客运换乘信息化建设等方面研究一体化公路客运换乘枢纽发展方法；

（4）探讨实施一体化公路客运换乘系统规划的措施和建议，并在此基础上提出公路客运换乘枢纽发展指导意见。

1.2.2 研究必要性

1）一体化公路客运换乘系统规划研究，是落实建设创新型行业的具体举措，有利于建设以人为本，资源节约型、环境友好型的现代综合客运枢纽

交通行业是国民经济发展的基础性产业和服务性行业。建设创新型交通行业，既是建设创新型国家战略的客观要求，也是交通行业自身发展成功经验的总结，更是实现交通又快又好地发展的需要。开展该项研究，

将综合客运枢纽作为综合交通发展的切入点，一方面综合客运枢纽的发展是提高综合交通运营效率的创新之举，另一方面综合客运枢纽的规划、建设与发展需要新的理念、新的机制来支撑与保障，对于理念创新、科技创新、体制创新与政策创新都提出了相应要求。同时，综合客运枢纽的规划建设，对于提高运输效率，缓解资源、环境、成本的压力具有重要意义，也是积极转变交通供给方式，发展循环交通经济，创建节约型交通行业的必然要求。总之，该研究，对于贯彻科学发展观，落实以人为本的发展理念，发展资源节约型、环境友好型的现代综合客运枢纽具有重要意义。

2）一体化公路客运换乘系统规划研究，是促进公路运输枢纽建设成为综合客运枢纽的需要，有利于国家公路运输枢纽建设目标的实现

随着《国家公路运输枢纽总体布局规划》的出台，各地都纷纷开展了公路运输枢纽总体规划和建设工作，但是由于行政隶属关系，公路客运枢纽如何与港口、铁路、机场之间进行有效的衔接和整合存在许多问题。因此，通过研究，构建公路客运换乘枢纽的发展思路，对于迅速改善综合运输体系质量，有力地促进公路运输枢纽向综合型、现代化的综合客运枢纽方向发展，切实有效地推动国家运输枢纽目标的实现。

3）一体化公路客运换乘系统规划研究，是适应综合客运一体化发展的需要，有利于公路及其他运输方式站场资源的进一步整合，形成综合客运系统

客运一体化是指各种运输方式在社会化的运输范围内和统一的运输过程中，按其技术经济特点，组成分工协作、有机结合、连接顺畅、布局协调的综合客运交通体系。而综合客运枢纽作为联系不同客运交通方式的纽带，它的规划建设将是完善综合运输体系的内在需要，是发挥各种运输方式的比较优势、整合交通资源、发挥最大整体效率的关键。该研究，是综合客运一体化发展的需要，对于进一步整合公路客运站场以及其他运输方式站场资源，发挥组合效率与整体优势，建成综合客运系统具有推动作用。

4）一体化公路客运换乘系统规划研究，是完善综合客运枢纽规划建设方法的需要，有利于挖掘现有交通设施的潜力，提高运输服务水平

综合客运枢纽的发展涉及体制、法规、技术、标准、投资、营运、管理等内容，综合客运枢纽集多种运输方式于一体，但在枢纽内不同运输方式不是简单的排列和叠加，一体化客运的发展要求在有限的场地内部解决各种运输方式的流线组织，以及与外部交通系统的衔接问题。由于目前缺少综合客运枢纽发展的理论与方法，在客运枢纽规划建设过程中，不同运输方式之间搭乘转换效率较低，严重影响了运输服务水平。通过系统研究，提高综合客运枢纽的人性化、一体化、集约化与信息化水平，将有助于挖掘现有交通设施的潜力，提高综合运输服务水平。

5）一体化公路客运换乘系统规划研究，是发挥公

路客运综合优势的需要，有利于减少居民出行成本，降低社会成本

目前，由于原有公路客运站设计理念、环境保护等方面存在的问题，以及客源竞争等市场因素，导致“公路客运站宜外迁”的舆论宣传，且部分老客运站也因城市土地规划要求而面临向郊区搬迁，这就很有可能造成客运站远离客源，进而导致后期客源不足而影响公路客运的发展。公路客运站外迁给旅客的出行带来诸多不便，如增加了旅客的出行换乘次数与出行成本，并且由于城市公交、出租车等接驳交通配套不力，严重弱化了公路客运的竞争力，这给道路运输业的发展带来极大威胁。而通过综合研究，结合城市总体规划，以公路客运为切入点，结合城市客源分布发展一体化、智能化与环境友好型的综合客运枢纽，对减少城市发展的不良影响，发挥公路客运的综合优势，降低社会成本与居民出行成本具有重要意义。

1.3 研究对象与主要内容

1.3.1 客运换乘系统总体框架

客运换乘系统是多种运输方式之间联系的桥梁与纽带，作为各种交通模式在时间和空间上衔接而形成的换乘系统，根据所连接的不同交通方式可以划分为不同的类别。对于城市而言，客运换乘系统将由不同的换乘枢纽构成，而对于具体的一个客运枢纽，也可以将其看

成一个系统，在这个系统内包括硬件设施、组织管理等子系统。在研究过程中，根据交通运输方式的组合以及城市内部交通、城际交通的服务对象的差异，将客运换乘枢纽从功能上划分为以下几种类型。

1)城市公交换乘枢纽

该类换乘枢纽主要是指位于城市内部，由不同公交线路或轨道交通相互转换而形成的公交换乘枢纽，按照公交方式，可以细化为轨道交通换乘枢纽、常规公交换乘枢纽、轨道交通与城市常规公交换乘枢纽三种基本类型。

2)单一城际客运换乘枢纽

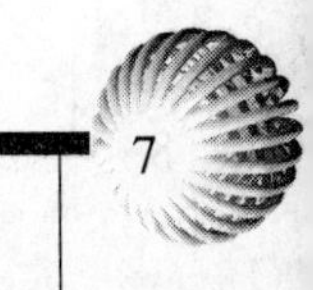

该类枢纽是指由一种城际客运方式，如铁路、公路、港口或航空运输与城市交通换乘接驳而形成的客运换乘枢纽，在该类枢纽中，实现了单一城际客运与城市内部交通的有效换乘，城际之间的客运还不能实现便捷的转换，只能通过城市公交包括城市轨道交通间接接驳来实现城际客运的顺利转换。目前国内的铁路枢纽、航空枢纽、公路枢纽及港口枢纽基本属于这一类型。

3)综合城际客运换乘枢纽

该类客运枢纽相对于单一城际客运换乘枢纽，除实现了城际客运与城市公交的高效换乘外，城际客运之间也实现了客运的便捷换乘，是指两种或两种以上的城际客运与城市公交聚集在同一空间而形成综合性客运枢纽。

因此，按照换乘枢纽运输方式的组合、客运换乘枢

纽服务功能的不同,整个客运换乘总体框架体系如图1-1所示。

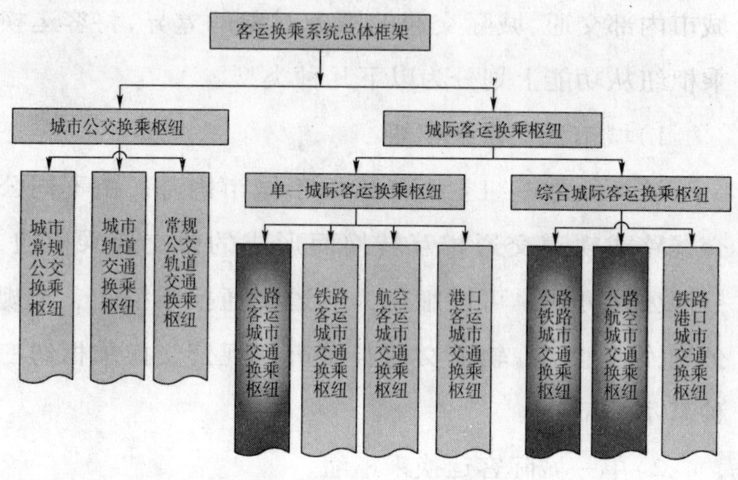

图1-1　客运换乘体系总体框架

1.3.2　研究对象

首先解释一下"运输"与"交通"的概念。根据交通工程学,运输一般定义为:"人和物的载运和运输"。英文词汇 Transportation 的解释为:"将物品与人员从一地运送到另一地及完成这类运送的各种手段。"综合上述定义,运输是指利用公共交通网络和运载工具,通过一定的组织管理技术,实现人与物空间位移的经济活动和社会活动。而《辞海》对交通的解释为:"各种运输和邮电通信的总称。即人和物的转运和输送,语言、文字、符号、图像等的传递和播送。"我国第一部大百科全书《中国大百科全书·交通卷》对交通的解释为:"包括运输和邮电两个方面。运输的任务是输送旅客和货物。邮电是邮政和电信的总称。"从专业的角度来看,交通是指“通过一定的组织管理技术,实现载运工具在公共交通网络上流动的一种经济活动和社会活动。”交通的概念习惯于特指“运输工具在运输网络上的流动”。从交通和运输两个概念可以看出，交通强调的是运输工具在运输网络上的流动，而运输强调的是运输工具上载运人员与物资的多少、位移的距离。因此，虽然研究涉及枢纽内部和对外车流的组织问题，但只是一个完整的客运换乘系统的一小部分。由于换乘是旅客“门到门”位移过程中的一个环节，故本研究仍然属于运输范畴的研究。

而在综合交通枢纽规划中,一方面,由于受到自然条件的限制,使得火车站、港口和机场的选址和布局灵活程度较弱,并且由于铁路枢纽、航空枢纽在一城市中数量相对较少,政府一般直接或责成综合管理部门牵头成立临时专门组织来抓机场或铁路的规划建设。这样在航空港、铁路枢纽与城市交通特别是与城市轨道交通之间一般能实现高效的换乘衔接,特别是当前国内新建的铁路枢纽站、航空枢纽,引入城市轨道交通后,一体化运输理念能得到贯彻。另一方面,随着经济社会的发展,综合交通枢纽在中转换乘、运输组织方面的一体化发展要求,使得一体化考虑综合交通枢纽中各种交通运输港站的布局成为必要。而解决这一问题的思路就是寻找一个与其他运输方式联系最为密切、可调整余地较大的运输方式入手,通过优化这一基本运输方式的枢纽布局,来带动整个综合交通枢纽的优化。

五种运输方式中，公路运输作为联系其他运输方式的纽带，其灵活性和可调整性较大，这一优势有利于实现公路与港口、火车站、机场、公交等运输方式的统筹规划，形成综合运输枢纽。因此综合枢纽的发展有必要从公路交通枢纽的布局入手，对其站场数量、位置、规模进行优化和调整。在优化过程中，把铁路、水运、航空等几种运输方式的枢纽作为公路客运枢纽的约束条件，使公路客运枢纽的布局最大限度地保证各种运输方式的有机衔接，从而提高综合运输的运行效率。因此，公路运输枢纽的规划、建设，可以全面带动并促进我国综合运输枢纽的建设与发展，并利用其完备的信息网和先进的组织管理技术，根据各种运输方式的不同特点和运输能力，合理地组织多式联运，充分挖掘和发挥各种运输方式的运输效能，进一步完善综合运输体系，实现运输过程的"零距离换乘"，促进运输过程一体化发展。合理规划和发展公路客运换乘枢纽，不断提高客运服务水平是综合交通规划的要求，更是发展一体化客运的需要。

该研究将从综合客运一体化发展着手，以公路客运枢纽为切入点，以"公路客运"为主线进行"换乘系统规划研究"，从基础设施建设、运能衔接与客运组织管理、信息服务等方面，探讨公路客运换乘枢纽的发展方法、实施策略与指导意见，重点研究中心城市公路客运枢纽为衔接点的城乡客运及城际综合客运的换乘问题，探讨在城市范围内的不同公路客运换乘枢纽的分布及枢纽内部的客运组织与管理等问题。

1.3.3 研究主要内容

该研究主要针对我国客运换乘枢纽发展存在的问题,从客运一体化发展观点出发,运用系统工程相关理论,重点研究一体化公路客运换乘系统的建设内容、发展条件和目标,从公路客运换乘枢纽布局、运输方式间的衔接组织以及换乘信息服务建设等方面研究客运换乘系统规划建设方法,研究分析公路客运换乘枢纽的投资主体并提出改善我国公路客运换乘衔接的发展策略与建议,在此基础上提出一体化公路客运换乘系统规划的指导意见。主要研究内容如下:

(1)了解国外客运换乘枢纽发展,对国外客运换乘枢纽建设的成功经验与启示进行总结分析。

(2)对我国客运换乘枢纽衔接状况进行调研分析,探讨我国客运换乘枢纽发展存在的主要问题,对当前我国客运换乘所存在的问题进行剖析。

(3)研究公路客运换乘的相关概念与基础理论、分析研究公路客运换乘枢纽发展的系统条件,对未来我国公路客运换乘枢纽的发展趋势进行研究。

(4)从公路客运换乘枢纽的布局、交通衔接组织、客运换乘信息服务建设等方面探讨公路客运换乘枢纽系统的发展方法与思路。

(5)为指导公路客运换乘枢纽的规划、建设与管理,促进综合交通体系的协调发展,从体制建设、规划实施等不同方面提出发展策略与建议。

1.4 研究的思路与技术路线

系统理论与方法是研究一体化客运换乘衔接问题的有力工具。一体化公路客运换乘衔接系统的研究属于多目标决策问题，与城市交通其他子系统规划的过程具有相似性，参照城市交通规划研究的一般理论框架即从目标调研分析、主体内容规划设计、实施策略的全过程，确定一体化公路客运换乘系统规划研究的总体思路如图 1-2 所示。

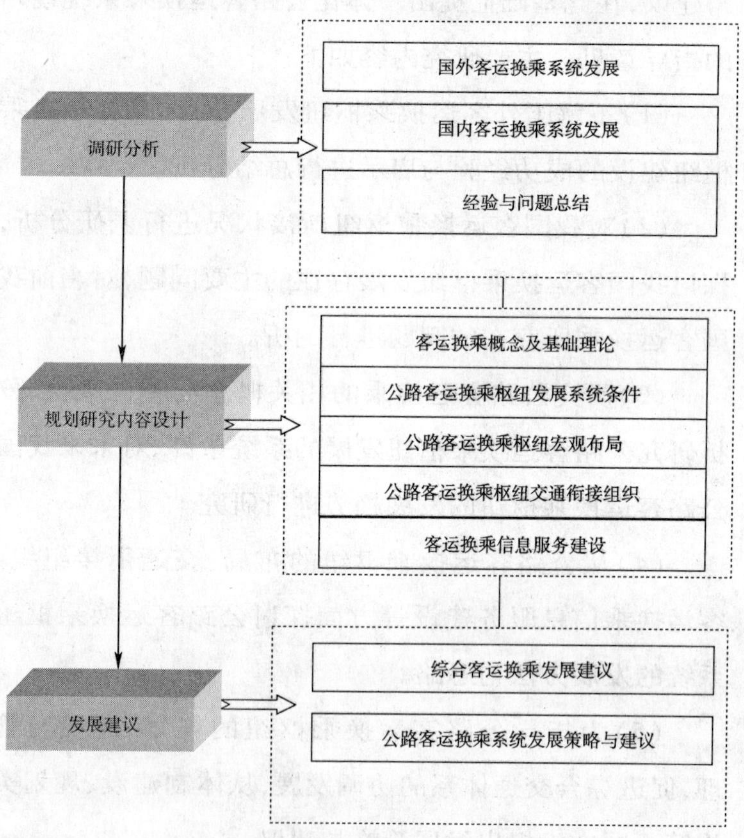

图 1-2　公路客运换乘系统研究的技术路线

2 公路客运换乘枢纽基本概念及理论基础

2.1 一体化运输与一体化客运的内涵

2.1.1 一体化运输的内涵

“一体化”一词源于拉丁文,是指将不同部分融合为一个整体。随着社会的不断发展,“一体化”的内涵也在不断地充实和丰富,“一体化”不仅含有系统集成的概念,而且还有系统优化的内涵。“一体化”即指存在两个或两个以上可以相互区别、相互联系而又相互作用的要素或系统,以一定的阶层结构形式分布,在既定的环境约束下,为达到整体的目的而形成的有机集合体。

一体化运输是指相对于铁路、公路、航空、水运等单一运输方式,在综合运输体系中形成各种运输环节相互衔接与协调的过程。主要体现在以下两个方面:

(1)由专业技术装备和设施构成的综合运输网,综合运输网的各运输环节相互衔接、各技术设备协调配套。

(2)综合运输生产组织系统的一体化,它是综合运输运行、组织、管理和协调的关键,使各种运输方式在统

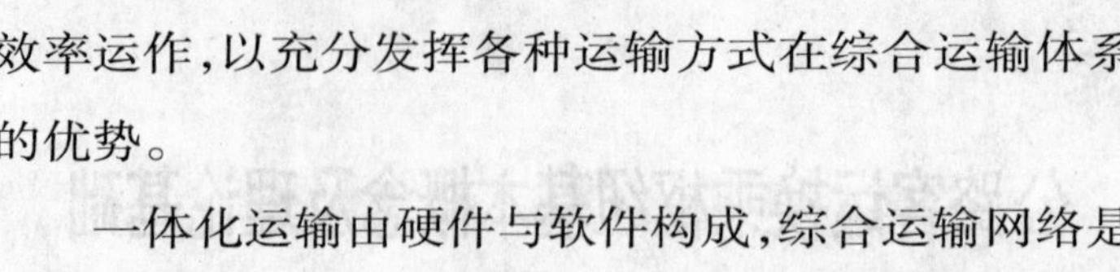

一的组织协调机制下有机地结合在一起,实现运输的高效率运作,以充分发挥各种运输方式在综合运输体系中的优势。

一体化运输由硬件与软件构成,综合运输网络是载体,是"硬件",综合运输生产组织体系是"软件"。发展一体化运输,无论从当前来看,还是从长远发展来看,都需要完善交通基础设施的建设与投入,尽快建设综合运输体系联运生产组织系统。它是各种运输方式在综合运输体系内有机结合、协调运行的关键。

2.1.2 一体化客运的内涵

一体化客运是指居民出行的各种运输方式在社会化的运输范围内和统一的运输过程中,按其技术经济特点,组成分工协作、有机结合、连接贯通、布局合理的综合客运体系。一体化客运的内涵与外延主要体现在以下两个方面。

1)一体化客运表现在客运交通体系内部的充分整合,包括以下三方面:

一是指交通设施的平衡,目的是充分发挥交通设施的整体效益,不仅要考虑不同线网设施的平衡,而且要重视枢纽、停车和管理措施的作用。

二是指交通运行的协调,在综合客运交通体系中,各种运行方式并存,都将在其适用的范围内发挥应有优势。保持运行协调,不仅表现为各种运输方式的合理分工,更表现为各种运输方式之间的紧密衔接。其中紧凑的换乘是实施交通运行协调的关键。

三是指通过综合管理将交通设施与交通运行紧密地整合起来,即交通运行水平与交通设施水平相一致。其中合理的体制和法制是综合管理的关键。

2)一体化客运还表现在交通体系与外部发展的紧密关联。

交通是实现经济社会活动的重要支撑手段,交通发展必须与土地使用、社会、经济和环境等诸多领域紧密结合在一起,从而推动经济社会的全面发展。

①交通发展要与土地使用发展密切结合,引导土地开发与城市布局。

②交通发展要与经济增长互相适应,合理分配和使用有限的资金,使每项投资都能充分产生社会和经济效益,适应经济和财政的承受能力。

③交通发展要与环境相协调,使人们在享受便利交通的同时,获得舒适和清洁的交通环境,减少交通对城市环境的负面影响。

④交通发展要与社会进步互相促进,不仅要以高标准的交通服务适应市民生活质量的提高,而且还要确保社会各阶层都能平等共享有限的交通资源。

2.2 枢纽基本概念

1)枢纽

枢纽是指不同事物或对象发生联系的纽带。对于交通而言,是指在综合运输网的特定节点上,将多种运输方式及城市交通的转换场所在同一空间内集中布设,综合运用现代先进技术手段(硬件与软件),使各种运输方式的设施装备、运输作业、技术标准、信息传输、组织管理等在物理和逻辑上无缝衔接而形成的运输服务一体化的运输系统。枢纽有宏观城市或城市群节点、微观实体站点两层含义。

2)综合运输枢纽

综合运输枢纽是综合运输体系的关节,各种运输方式的衔接是通过综合运输枢纽来实现的。

关于综合运输枢纽,交通运输领域专家们给出了多种不同的定义,但都有着基本一致的认识,即综合运输枢纽具有以下三个方面的特征。

(1)在地理位置上,运输枢纽地处两种及以上的运输方式衔接地区或客货流重要集散地。

(2)在运输网络上,运输枢纽是运输网络上多条运输干线通过或连接的交汇点,是运输网络的重要组成部分,连接不同方向上的客货流,对运输网络的畅通起着重要作用。

(3)在运输组织上,运输枢纽承担着各种运输方式的客货到发,同种运输方式的客货中转及不同运输方式的客货联运等运输作业。

综合运输枢纽的功能主要体现在以下三个方面:

一是为区域内部和区域对外的人员及物资交流提供集散和中转服务,带动和支撑区域经济的发展。综合运输枢纽一般地处区域主要中心城市,为所在地区或城市的经济发展和居民生活提供客货运输服务,是城市对外联系的桥梁和纽带。

二是实现不同方向和不同运输方式间客货运输的连续性,完成运输服务的全过程。以信息化、网络化为基础,改进运输组织方式,实现各种运输方式一体化管理,完成运输服务全过程,是提高运输效率,降低运输成本,节约资源,实现交通可持续发展的有效途径,而综合运输枢纽正是实现这一目标的关键。

三是为运输网络吸引和疏散客货流,促进交通运输产业的发展。交通运输产业发展的基础是日益增长的运输需求。在经济高度发达,需求日趋多样化的现代社会,交通运输产业的发展正向着综合集成和一体化运输的方向发展,以满足客货运输多样化的需求。综合运输枢纽作为运输网络上的结点,集各种运输方式信息、设备和组织管理于一体,吸引着大量的客货流,是交通运输产业发展的重要支撑。

由于综合运输枢纽的形成,依赖于大量客货运输需求源,而客货流产生的基础是较大的人口和产业规模,因此,综合运输枢纽有着与城市共生的特性。在规划全国或区域综合运输枢纽时,综合运输枢纽理解为枢纽城市或城市群,而在规划各种运输方式相衔接的具体的综合运输枢纽时,又将综合运输枢纽理解为客货集散或中转的枢纽场站。对此,研究综合运输枢纽问题,首先要区分宏观运输枢纽和实体运输枢纽两个概念。宏观运输枢纽,是指运输干线的连接或交汇点所在的枢纽城市;而实体运输枢纽,是指具体承担客货流集散和中转作业的运输场站。实体运输枢纽依托宏观运输枢纽而存在,宏观运输枢纽包含着一个或多个实体运输枢纽,两者的含义有很大区别,因此,应对宏观运输枢纽和实体运输枢纽分别定义。

宏观运输枢纽不仅包括各种运输方式的场站设备,同时包括城市内各场站相互衔接的线路、信息网络与运输服务。宏观运输枢纽的规模必须与综合运输通道的规模相适应,才能保证综合运输网络的畅通;宏观运输枢纽的建设对区域经济的发展起着促进和支撑的作用,宏观运输枢纽的规模越大,其吸引和辐射的范围就越大,对区域经济的拉动作用就更大。因此,宏观运输枢纽的布局决定着大宗客货流的运输路径和运输效率,对国民经济发展的良性循环起着重要作用。

实体运输枢纽是各种运输方式运输设备集中布局的场站,是旅客和货物换乘、换装的具体场所。实体运输枢纽的主要任务是获取和运用运输相关信息,实行一体化管理,为客户提供便捷、高效的客货集散和中转服务,实现不同运输方式间运输作业过程的协调和有机衔接,保证与其相衔接的线路的畅通和客货运输服务的连续性。

3)国家公路运输枢纽

国家公路运输枢纽是依托国家高速公路网,位于重要节点城市,与其他运输方式有机衔接,具有全国性政治、经济意义的最高层次的公路运输枢纽系统,主要由提供区域之间、省际之间以及大中城市之间客货运输的组织衔接及相关服务的客货站场组成。

国家公路运输枢纽的含义同样有两个层面,第一个层面是宏观网络层次,把城市作为公路运输网络的节点,国家公路运输枢纽由若干枢纽城市组成,国家公路运输枢纽城市是由国务院交通主管部门确定的。第二个层面是微观实体层次,国家公路运输枢纽由承担区域之间、省际之间以及大中城市之间客货运输的公路运输站场组成,公路运输站场依托于枢纽城市,是国家公路运输枢纽的实体单元。国家公路运输枢纽规划为宏观层次规划,研究对象为枢纽城市。国家公路运输枢纽总体规划,由枢纽所在城市交通主管部门组织编制。

4)综合客运枢纽

综合客运枢纽一般指综合运输枢纽客运实体,主要承担旅客运输,使旅客集散、转换运输方式与线路的场所,是城市主要的对外交通枢纽,一般具有规模大,辐射范围广,集散能力强,对内、对外运输方式齐全的特点,是城际客运、城乡客运、城市公交的重要转换地。具体功能体现在以下几方面:

(1)综合客运枢纽是多种客运交通方式的交汇点,是城市客流中转、换乘集散地,是多种客运交通方式衔接的主要基地。

(2)从旅客到达综合客运枢纽至离开综合客运枢纽的一段时间内,为乘客提供候车、客运转换、出行信息等服务,提高运输工具的停放、技术维护和调度等。

(3)综合客运枢纽依托城市,是城市实现内外交通便捷联系的桥梁和纽带。

5）公路客运换乘枢纽

公路客运换乘枢纽是指将公路运输与其他运输方式及城市交通的转换场所集中布设，综合运用现代先进技术手段（硬件与软件），使各种运输方式在物理和逻辑上无缝衔接而形成的一体化客运转换系统，属于综合客运枢纽的一种类型。公路客运换乘枢纽根据其内部各种运输方式的空间处理形式，又可以分为平面客运枢纽站和立体客运枢纽站。

平面客运枢纽站是在同一平面上处理旅客在几种运输方式间的集散、换乘和运输工具的进出，平面形式较适合客流量较小、换乘简单的公路客运枢纽。

立体客运枢纽站是在空间上处理公路与铁路、航空、水运等运输方式，以及与城市轻轨、地铁、常规公交、出租车及社会车辆等运输方式的衔接，分地下、地面、地上多层结构。立体客运枢纽可以有效实现零距离换乘，减少客流与客流之间、客流与运输工具之间以及运输工具与运输工具之间的冲突、交织，提高中转换乘效率，使运输服务更安全、更便捷、更舒适、更高效，是大城市公路客运换乘枢纽的重要发展方向。

2.3 公路客运换乘枢纽分类及适应性分析

2.3.1 公路客运换乘枢纽分类研究

在我国的大交通体系中，公路客运作为灵活、方便、门到门服务的交通模式，在我国的客运交通系统中占有重要的地位。通过对铁路枢纽、航空枢纽等不同运输模式的中心城市的分析比较发现,中心城市的运输模式多是复合式,立体模式。公路客运换乘枢纽是指公路客运模式与其他一种或多种运输模式(运输工具)在时间和空间上的有机衔接和配合,促进区域社会经济的健康快速发展,增强对周边地区的辐射和带动作用。

根据运输的服务对象,运输模式一般分为城际运输模式和城市内部运输模式。具体而言,城际运输模式包括:铁路运输、航空运输、港口运输、公路运输。城市内部的运输模式包括:常规公交、轨道交通(地铁和轻轨)、BRT 快速公交、出租等。公路客运换乘枢纽作为多元化的立体运输模式,在空间上实现公路客运与其他不同运输模式的高效转换,在时间上实现运输方式之间的衔接配合,其组合形式是多样化的。主要包括:

1)公路客运与城际运输模式之间的换乘

包括公路交通与铁路的换乘、公路交通与机场的换乘、公路交通与港口的换乘等。

2)公路与城市内部运输模式的换乘

包括各种城市内部运输模式的组合,如公路客运与常规公交的接驳换乘、公路客运与轨道交通的接驳换乘、公路客运与 BRT 的接驳换乘等。

按照运输方式组合及服务功能,把公路客运与一种城际运输模式换乘的公路客运换乘枢纽称为一类综合客运枢纽;把公路客运与两种或两种以上城际运输模式衔接的公路客运换乘枢纽称为二类综合客运枢纽。其

中:每一类的综合客运枢纽根据城市内部运输模式中是否含有轨道交通分为快速和普通两类,含有 BRT 的则为准快速。具体分类情况如表 2-1:

公路客运换乘枢纽分类 表 2-1

分类	具体分类	备　注
一类综合客运枢纽	1.1 一类普通公路客运枢纽	该类枢纽在城际运输模式中,公路交通与其他任意一种运输模式接驳;在城市内部运输模式中,与常规交通和出租等接驳。
	1.2 一类准快速公路客运枢纽	该类枢纽在城际运输模式中,公路交通与其他任意一种运输模式接驳;在城市内部运输模式中,与 BRT、常规公交等接驳。
	1.3 一类快速公路客运枢纽	该类枢纽在城际运输模式中,公路交通与其他任意一种运输模式接驳;在城市内部运输模式中,与轨道交通、常规公交等接驳。
二类综合客运枢纽	2.1 二类普通公路客运枢纽	该类枢纽在城际运输模式中,公路交通与两种或两种以上模式接驳;在城市内部运输模式中,与常规交通和出租等接驳。
	2.2 二类准快速公路客运枢纽	该类枢纽在城际运输模式中,公路交通与两种或两种以上模式接驳;在城市内部运输模式中,与 BRT、常规公交等接驳。
	2.3 二类快速公路客运枢纽	该类枢纽在城际运输模式中,公路交通与两种或两种以上模式接驳;在城市内部运输模式中,与轨道交通、常规公交等接驳。

2.3.2 设置公路客运换乘枢纽运量标准研究

建设公路客运换乘枢纽是解决交通拥堵问题的有效方法之一。通过对北京、上海、广州、汕头、茂名、桂林、青岛等十几个城市中国家公路运输枢纽客运站的调研分析发现:多数早期建成的客运站其客运换乘系统建设比较薄弱,不能满足近几年来日益增长的客运需求量,一些规模较大的公路客运站问题尤其明显。大型公路客运站在运输高峰期间站内聚集旅客人数较多,因此在有效疏散到站旅客的过程中遇到了很多问题。

但是,公路客运站究竟在达到多大规模时,需要同常规公交、出租车等接驳交通方式统筹规划,共同建设成公路客运换乘枢纽,迄今为止,国内并没有对这个问题进行详细论证的先例。根据《汽车客运站级别划分和建设要求》的相关标准,针对不同设计日发送能力的客运站,作者假设聚集在公路客运站内的旅客只通过换乘常规公交一种方式进行疏散,尝试从理论上测算疏散公路客运站聚集旅客需要配备的常规公交数量、公交停靠站所占面积等指标,来对公路客运换乘枢纽建设的需求进行分析。

1)相关指标及模型

① 占地面积根据《汽车客运站级别划分和建设要求》进行核定,见表2-2。

② 公路客运站最高聚集人数是指设计年度中旅客发送量偏高期间内,每天最大同时在站人数的平均值,并非指一年中客流高峰日内客流最高时刻聚集在车站

的旅客人数。该指标通过式(2-1)计算得到:

车站占地面积指标　单位:m^2/百人次　表 2-2

设施名称	一级站	一级站	一级站
占地面积	360	400	500

注:资料来源于《汽车客运站级别划分和建设要求》。

$$D=\alpha \cdot F \quad (2\text{-}1)$$

式中:D——旅客最高聚集人数;

F——设计年度平均日旅客发送量;

α——计算百分比,其大小可按表 2-3 所示。

计算百分比的选取　表 2-3

设计年度平均日旅客发送量(人次/日)	计算百分比(%)	设计年度平均日旅客发送量(人次/日)	计算百分比(%)
大于等于 15000	8	300 ~ 2000	20 ~ 15
10000 ~ 15000	10 ~ 8	100 ~ 300	30 ~ 20
5000 ~ 10000	12 ~ 10	小于 100	50 ~ 30
2000 ~ 5000	15 ~ 12		

注:资料来源于《汽车客运站级别划分和建设要求》。

③ 常规公交配备数是指为有效疏散高峰时段客运站内聚集的旅客所需要的常规公交车辆数。该指标的计算是在假设所有常规公交车均通过首末站与公路客运站接驳衔接的前提下,考虑了首末站公交车同时也为公路客运站周边的旅客提供出行服务的基础上进行的,指标的计算公式如(1-2)所示:

$$N=D/(P*t) \quad (2\text{-}2)$$

式中:N——常规公交配备数;

D——公路客运站旅客最高聚集人数;

P——常规公交车额定载客数,取 60 人/车;

t——疏散公路客运站内旅客所占的比重,取 75%。

④ 公交停靠站占地面积指标的计算,主要根据《城市公共交通站、场、厂设计规范》中规定的“首末站的规划用地面积宜按每辆标准车用地 $90 \sim 100\text{m}^2$ 计算”。计算如式(2-3):

$$L = N \cdot j \tag{2-3}$$

式中:L——公交停靠站占地面积;

N——常规公交配备数;

j——每辆标准车用地标准,取 100m^2。

2)计算结果及分析

根据上述相关指标及计算模型的说明,从理论上测算出了疏散公路客运站高峰时段内聚集旅客需要配备的常规公交数量、公交停靠站所占面积等指标如表 2-4 所示。对照《城市公共交通站、场、厂设计规范》,“常规

不同规模公路客运站换乘需求分析表 表 2-4

序号	设计日发送能力(人次/日)	占地面积(m^2)	最高聚集人数(人)	换乘常规公交配备数量(辆)	公交停靠站占地面积(m^2)
1	10000	36000	900	20	2000
2	15000	54000	1200	27	2700
3	20000	72000	1600	36	3600
4	30000	108000	2400	53	5300
5	40000	144000	3200	71	7100
6	50000	180000	4000	89	8900

公交首末站的规模按线路所配营运车辆总数来确定。一般配车总数(折算为标准车)大于50辆的为大型站;26~50辆的为中型站;等于或小于25辆的为小型站。"可以发现:

设计日发送能力为1万人次的公路客运站,疏散公路客运站高峰时段聚集的旅客所需常规公交配备数为20辆,相当于需要为公路客运站配套建设一个小型公交首末站。设计日发送能力在1.5万人次和2万人次的客运站,疏散高峰时段站内聚集的旅客所需常规公交配备数分别为27辆和36辆,相当于需要设置中型公交首末站才能满足公路客运站的换乘需求。根据《城市公共交通站、场、厂设计规范》,设置中型公交首末站至少需要占地面积2340m²,而且首末站本身内部客流量比较大,客流组织相对比较繁琐。如果规模达到中型及以上的公交首末站未能与公路客运站统一规划、统一建设,就很难达到与客运站之间的最优衔接,容易导致聚集在客运站内1200余人旅客无法与常规公交进行安全、便捷地换乘,将严重影响公路客运站与常规公交之间的运转效率。

从公路客运站建设的边际成本和公路客运枢纽发挥的社会效益来看,当公路客运站场规模达到周边需要配套建设中型公交首末站才能满足疏散高峰时段客运站内聚集旅客的要求时,研究认为公路客运站就应该同接驳的常规公交统一规划,统一建设,才能实现资源效益最大化的目标。同时发现,设计日发送能力为1.5万

人次的客运站换乘常规公交所需配备数为27辆，正好处于设置小型公交首末站与中型公交首末站之间的临界值附近。所以，研究认为客运站设计日发送能力达到1.5万人次可以作为将公路客运站规划建设成公路客运换乘枢纽的参考临界点。

设计日发送能力为3万人次的公路客运站，疏散公路客运站高峰时段聚集的旅客所需配备的常规公交数和常规公交停靠点占地面积分别为53辆和5300m²，正好达到需要为公路客运站配套建设一个大型公交首末站的标准。设计日发送能力达到4万人次和5万人次的公路客运站，疏散公路客运站高峰时段聚集的旅客所需配备的常规公交数分别为71辆和89辆，占地面积分别为7100m²和8900m²，均需要为公路客运站配建一个大型公交首末站才能满足有效疏散的需求。但考虑到常规公交集疏散能力毕竟有限，而且我国目前城市建设用地紧张，不可能大规模地新建或扩建常规公交首末站来满足公路客运站的换乘需求。通过研究比较相关指标见表(2-5)，认为城市轨道交通无论在运量上，还是在速度上比常规公交更有优势，轨道交通集疏散能力更强。所以，当公路客运站规模达到周边需要配套建设大型公交首末站才能满足疏散高峰时段客运站内聚集旅客的要求，即公路客运站设计日发送能力达到3万人次，最高聚集人数不少于2400人时，建议将轨道交通纳入公路客运枢纽。考虑到枢纽建设成本及其换乘衔接的效果，建议设计日发送能力在3万人次到5万人次之间的宜采用平面换乘的模

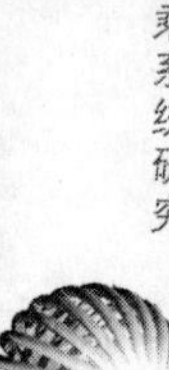

式与轨道交通衔接；设计日发送能力在 5 万人次以上的宜采用立体换乘的模式与轨道交通衔接。

轨道交通与常规公交相关指标比较　　表 2-5

特性指标 / 交通方式		运量（人/h）	运输速度（km/h）	单位动态占地面积（m^2/h）
常规公交		6000 ~ 9000	20 ~ 50	1 ~ 2
轨道交通	轻轨	10000 ~ 30000	40 ~ 60	高架轨道:0.25 专用道:0.5
	地铁	30000 以上	40 ~ 60	一般不占用地面面积

根据以上分析，建议凡设计日发送能力超过 1.5 万人次、最高聚集人数不少于 1200 人的客运站，亟需在规划阶段就解决好客运站与城市常规公交、出租车等交通方式的接驳衔接问题，把大型公路客运站建设成“高效、安全、便捷”的公路客运换乘枢纽。设计日发送能力在 3 万人次到 5 万人次之间、最高聚集人数在 2400 人至 4000 人之间的客运站，建议将轨道交通以集约平面换乘的模式纳入公路客运枢纽；设计日发送能力在 5 万人次以上，最高聚集人数在 4000 人以上的客运站，建议将轨道交通以立体换乘的模式纳入公路客运枢纽。

2.3.3　公路客运换乘枢纽的适应性分析

公路客运换乘枢纽是解决城市交通问题的先进理念，要根据城市的人口布局要求、立足长远、立足大局、结合轨道交通等重大基础设施建设。人口规模在很大程度上决定了公路客运换乘枢纽的规模，坚持以人为本，立足高效与便捷，优化客运枢纽设计，凸现客运换乘枢纽的优越性。根据以上分析，按照我国城市的人口规模对城市进行分类，根据公路客运换乘枢纽的分类推荐不同城市人口规模采用不同的运输模式的组合。结合我国的具体特点，把城市规模分为六类，具体分类标准见表2-6：

城市分类一览表 表2-6

序号	名　称	备　注
1	小城市	人口≤50万
2	中等城市	50万＜人口≤100万
3	大城市	100万＜人口≤200万
4	特大城市	200万＜人口≤400万
5	超大城市	400万＜人口≤1000万
6	巨型城市	1000万＜人口

根据不同人口规模的城市发展特点，结合公路客运换乘枢纽的分类，推荐公路客运换乘枢纽的形式如下：

（1）人口≤50万：推荐的公路客运换乘枢纽形式为一级普通综合客运枢纽或二级普通综合客运枢纽。在该类城市中，公路客运换乘枢纽连接公路客运与铁路客运等长途客运需求，在与城市内部的换乘衔接方面采用常规公交和出租等形式。

（2）50万＜人口≤100万：推荐的公路客运换乘枢纽形式为一级普通综合客运枢纽、二级普通综合客运枢纽或二级准快速综合客运枢纽。在该类城市中，公路客运与其他长途客运换乘中，如果存在多种城际运输模式的情况下，客运需求巨大的前提下，可根据城市的经济实力考虑建设BRT。

(3)100 万 < 人口 ≤200 万:推荐的公路客运换乘枢纽形式为一级普通综合客运枢纽、二级普通综合客运枢纽、一级准快速综合客运枢纽或二级准快速综合客运枢纽。在该类城市中,根据城市的人口布局和出行要求,根据枢纽的交通需求,在一些枢纽中有选择的建设 BRT 交通模式。

(4)200 万 < 人口 ≤400 万:推荐的公路客运换乘枢纽形式为一级快速综合客运枢纽、二级准快速综合客运枢纽或二级快速综合客运枢纽。在该类城市中,公路客运换乘枢纽的运输模式多,需求大,可以考虑建设 BRT 或者轻轨衔接城市内部交通出行,使枢纽的运转效率更好,服务更好。

(5)400 万 < 人口 ≤1000 万:推荐的公路客运换乘枢纽形式为二级准快速综合客运枢纽或二级快速综合客运枢纽。在该类城市中,人口规模大,经济发达,城市建成区面积大,在公路枢纽中多种运输模式汇聚,客流量大,建议在城市内部运输模式中采用 BRT、轻轨或地铁。

(6)人口 >1000 万:推荐的公路客运换乘枢纽形式为一级快速综合客运枢纽或二级快速综合客运枢纽。在这类巨型城市中,都是作为国家的航空枢纽、铁路枢纽等,在公路客运换乘中,建议与城市内部的运输模式采用轻轨或地铁,及时疏解枢纽的人流,避免地区的交通拥堵。

另外,结合城市的不同人口规模,针对设计日发送能力在 3 万人次至 5 万人次之间的,以及在 5 万人次以

上的公路客运站，分别推荐公路客运换乘枢纽的形式如表 2-7 所示。根据建设部有关文件规定，轨道交通线路近期高峰小时单向客流量达到 1 万人次时，可建设轻轨交通；当近期高峰小时单向客流量达到 4 万人次时，可建设地铁系统。根据我国城市规模分析，通常认为人口在 200 万以上的均有条件建设轻轨或地铁。所以，建议人口规模在 200 万以上，且公路客运站场设计日发送能力在 3 万人次以上的，则尽可能地将轨道交通纳入到公路客运换乘枢纽中来。

公路客运换乘枢纽形式推荐表 表 2-7

设计发送能力 / 城市人口	1.5~3.0 万人次/日	3.0~5.0 万人次/日	5.0 万人次/日及以上
人口≤50 万	11、21	—	—
50 万<人口≤100 万	11、21、22	12、22	—
100 万<人口≤200 万	11、21、12、22	12、22	12、13、22、23
200 万<人口≤400 万	13、22、23	13、23	13、23
400 万<人口≤1000 万	22、23	13、23	13、23
人口>1000 万	13、23	13、23	13、23

注：表中“11”表示一级普通公路客运枢纽；“12”表示一级准快速公路客运枢纽；“13”表示一级快速公路客运枢纽；“21”表示二级普通公路客运枢纽；“22”表示二级准快速公路客运枢纽；“23”表示二级快速公路客运枢纽。

2.4 公路客运换乘枢纽发展影响因素及要求

2.4.1 客运换乘系统的内涵

客运换乘系统是在一体化运输发展的要求下，客运

交通对象为完成一定出行目的在不同运输方式或交通设施之间搭乘转换的全过程,以及在该过程中所得到的由载运接驳设施(如衔接通道及线路、换乘站厅等)提供的交通服务,客运换乘不仅指不同运输方式之间的换乘,也包括不同交通工具之间(如长途汽车与城市公交、出租车)的换乘。对于具体城市而言,客运换乘系统由若干客运换乘枢纽构成,客运换乘系统建设包括以下三个基本方面。

1)客运换乘系统基础设施建设

换乘基础设施建设是客运换乘系统发展的基础,客运换乘系统基础设施建设主要包括客运换乘枢纽的宏观布局、微观设计等。在枢纽换乘站的微观设计中,运输方式间的转换空间、等候空间等基础设施要求同步规划与建设,这些空间应同时具有安全性、可识别性和方便性,设计中要求体现人性化设计思想。

2)运输方式之间的运能衔接与组织

客运换乘运能衔接与组织管理是客运换乘系统高效运行的必要条件。客运换乘枢纽中的不同运输方式的运行时间与运行空间要求统一协调,相互转换的运输方式间要求运能匹配,运能低的运输工具能够快速地为运能高的运输工具进行客流集散,避免枢纽站的旅客滞留。

3)换乘信息服务建设

要求具备先进的信息服务系统,换乘信息服务系统应能满足不同层次管理的需要,能及时准确地采集、处理、分析、存储、传输运行过程中所产生的各种信息，使乘客在出行中了解有何种运输工具可乘和如何选择使用最佳的运输工具组合方式，为旅客提供行车的时间、行车路线等，方便乘客换乘。

2.4.2 客运换乘枢纽衔接建设的影响因素

客运换乘衔接的影响因素是多方面的，其主要影响因素包括交通管理体制、交通规划模式、城市经济发展水平、城市地理区位、城市形态与路网结构。

1）交通管理体制

综合客运交通体系涵盖了存在于城市的各种运输方式，而在我国铁路、公路、航空等不同运输方式分属于中央各部委和地方政府各部门多重管辖。由于各部委和各地方的规章互不制约，解释和执行又不尽相同，当遇到不同部门利益和社会效益发生冲突时，通常无法正常进行综合规划和条块协调，而对于整个交通系统而言，政出多门必然降低系统的运行效率。因此在这个复杂的体系中，城市交通各相关部门的协调管理成为综合交通顺利衔接的关键因素。

2）交通规划模式

由于不同运输方式在运输特征、发展历程、适应范围等方面都有各自不同的特点，相互之间既有牵制又有补充，很多因素难于量化，使得综合运输体系各个层次上的规划（交通网络、枢纽、线路等）具有很大的不确定性和复杂性。目前我国客运交通枢纽仍然按照公路枢纽、港口枢纽、铁路枢纽和航空枢纽的形式，分别进行专门规划，在每一类规划中虽然适当考虑了其他运输方式的影响。但这种相互独立的规划模式带来的主要问题之一，就是造成不同运输方式规划和建设缺乏统一的部署，导致条块分割、重复建设甚至互相矛盾，极不利于整个综合交通的发展。因此选择合理交通规划模式，使各种客运交通方式得到统一部署，对各种客运交通方式的协调衔接至关重要。

3）经济发展水平

经济是影响综合客运交通发展的一个重要因素，特别是在大力发展生产力的今天，他的重要性越发突出。经济的发展不仅能刺激城市货运需求的增长，也使城市客运需求大幅度提高，同时随着城市经济水平的提高，人们对运输系统的服务要求也日益提高，使得客运换乘衔接设施的建设与改善成为可能。

4）地理区位与历史文化背景

客运换乘研究首先需要确定城市的运输结构，而城市地理区位与历史文化背景在一定程度上决定了城市的运输结构。临江或傍海的城市，凭借其得天独厚的自然条件，城市对外运输结构中就有水运这一组成部分，在城市交通衔接问题的研究上也应追加相应的运输方式；而城市的不同文化历史背景也要求有不同的运输方式与之相适应，在城市的不同发展阶段，不同运输工具的关联程度、运输结构的内涵与层次是不同的。

5）路网形态

城市路网形态是影响客运换乘特性的一个重要因

素，交通线网的布设与走向应该是基于旅客的流量与流向。但由于历史的原因以及道路条件的限制，现有路网形态与居民的出行需求可能不相匹配。随着城市社会经济的快速发展和人民生活水平的提高，人们对出行需求的量与质也日益提高，而这一供需矛盾必然增加居民的出行距离与换乘次数。因此，在客运换乘研究时，应该对城市路网形态进行优化设计，以全体乘客总出行时间最小化为目标，尽可能地缩短出行距离和减少换乘次数，使线路网运行效率最大化。

2.4.3 客运换乘枢纽衔接发展要求

客运换乘枢纽承载着多种运输方式于一体，但在换乘枢纽中不同运输方式又不是简单的排列和叠加，换乘的本身要求在有限的场地内部解决各种运输方式的流线组织，以及与外部交通系统、周边道路系统的衔接问题。

根据客运换乘衔接的内涵，任何两种运输方式相互衔接表现在：一种运输方式为另外一种运输方式集结或疏散客流，两者衔接的重点是如何组织好不同运输方式或同一种运输方式之间的转换交通。要保证两者衔接的协调性，必须具备换乘过程的连续性、客运设备的适应性两个系统要求。以公路客运与城市公交的衔接为例，分析如下。

1）换乘过程的连续性

换乘过程的连续性是指通过一定交通衔接设施将不同的运输方式的转换过程连接起来，以满足交通转换过程在时间上、空间上的连贯性。例如，乘客完成公路客运与公交之间的搭乘转换，在一体化运输过程中应该是一个完整的连续过程。连续性是在各种运输方式之间组织交通衔接最基本的要求和条件，公路客运与市内公交转换的连续性用式(2-4)来表示：

$$H \wedge UB \cdots \rightarrow \tag{2-4}$$

式中：H，UB——分别表示公路客运和市内公交；

$\wedge$——表示衔接符号；

$\cdots\rightarrow$——是保证过程连续性符号。

乘客在公路客运与市内公交之间搭乘转换的全过程见图 2-1 所示。

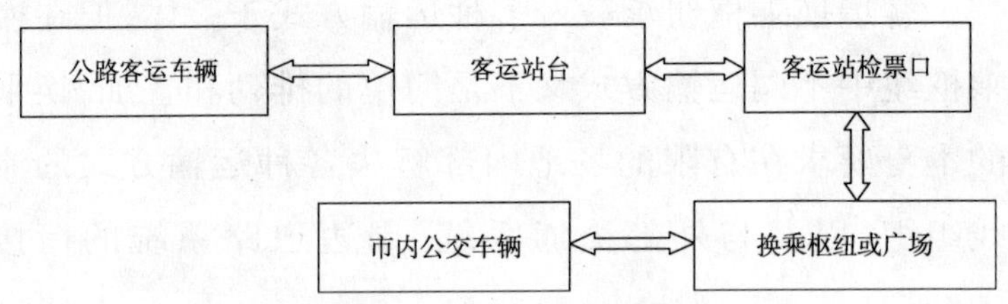

图 2-1　搭乘转换全过程示意图

从两者间的搭乘转换全过程可以得知，换乘要通过 3 个环节。对于公路下车乘客，三个环节分别为：下车至出口站步行时间与出口排队等候时间、从出站口到公交换乘处的步行时间、转换公交候车等待时间。而对于公路上车乘客，第一个环节则需分预订票乘客与非预订票乘客两种情况。对于预订票乘客，第一环节指公交换乘站至候车室的步行时间；而对于非预订票乘客，第一环节则包括公交换乘站至售票厅的步行时间、买票排队等待时间、售票厅至候车室的步行时间。另外两个环节

分别为候车室内的候车时间与进站检票排队时间、检票口之上车处的步行时间与车内候车时间。衔接协调的连续性要求乘客前一环节占用换乘设施服务时间应大于或等于后一环节所占用的换乘设施服务时间，表示为：

$$T_1 \geqslant T_2 \geqslant T_3 \tag{2-5}$$

式中：T_1、T_2、T_3——分别表示乘客在前一环节、中间环节、结尾环节占用衔接设施的服务时间(min)。对公路客运而言，T_1，T_2，T_3 取值见表 2-8。

换乘环节占用衔接设施服务时间取值表 表 2-8

乘客类型	T_1	T_2	T_3
上车乘客	预订票乘客 ·公交站至候车室内的步行时间 ·候车室内的候车时间	·进站检票排队时间	·检票口至上车处的步行时间 ·车内候车时间
	非预订票乘客 ·公交换乘站至售票厅的步行时间 ·买票排队等待时间 ·售票厅至候车室的步行时间 ·候车室内的候车时间		
下车乘客	·下车处至出站口的步行时间	·出站口排队时间 ·出站口至公交换乘站的步行时间	·市内公交候车时间

只有这样,才能使客流均匀地分布在整个衔接换乘流程上,不至于在前后各个环节上滞留和集聚,保证换乘过程的通畅和紧凑有序。

2)客运设备的适应性

客运设备的适应性是指各种运输方式在换乘枢纽相互衔接时,不同运输方式及相关的衔接设施在运能上要匹配,以实现客流的顺利集散。对于公路客运与城市公共交通的衔接来说,客运设备的适应性是指公路的客运能力、客运站检票口的通过能力、公交换乘枢纽的容纳能力以及市内公交的运输能力要相互适应、相互协调。用式(2-6)来表示公路客运与城市公共交通设备的适应性:

$$C_{h} \longleftrightarrow C_{J} \longleftrightarrow C_{P} \longleftrightarrow C_{UB} \tag{2-6}$$

式中:C_h,C_J,C_P,C_{UB}——分别为公路客运、客站检票口、公交换乘枢纽以及市内公交的运输能力、通过能力或容纳能力;

$\longleftrightarrow$——表示相互适应符号。

其中可用公式(2-7)来计算高峰时间内,为公路疏散客流的城市公交配车数:

$$N = \frac{(T_{n}/t_{c} + 1) \cdot P \cdot a_{1} \cdot a_{2}}{P_{B} \cdot (\eta_{b1} - \eta_{br})} \tag{2-7}$$

式中:T_n——公路客运班线到达的高峰时间,min;

t_c——公路客运班线到达的平均间隔时间,min ;

P——客车平均乘车人数;

a_1——到达旅客中使用城市公交车辆的旅客比重;

a_2——某种公交方式所承担的比重；

P_B——某种公交方式每辆车的额定载客数；

η_{b1}，η_{br}——分别指公共汽电车理论极限满载率和途经线路到达客站时的实际满载率，对于计算始发车辆配车数时，η_{br}取0。

这一适应条件对市内公共交通而言就是城市公交应具备及时疏散或集结公路客流的能力。只有当公路客运、客站检票口、公交换乘枢纽、市内公交等衔接换乘环节能及时地"消化、吸收"彼此的客流，各自的运输能力、通过能力或容纳能力相当时，才能实现相互间的运能对接。如果公交运输能力太低、换乘枢纽规模过小、客站检票口通过能力不足等，都会造成公路客运与市内公交衔接不畅。

2.5 公路客运换乘枢纽的属性分析

公共产品是与私人产品相对应的概念，经济学理论对公共产品和私人产品做出了明确的区别。对于公共产品的判定，最根本的是要看该产品是否具有效用的不可分割性、非竞争性和非排他性。效用的不可分割性是指效用为整个社会的成员所共享，具有共同受益或联合消费的特点，非竞争性即某人对公共产品的消费不排斥和妨碍他人同时享用，也不会因此减少他人消费该种公共产品的数量和质量。非排他性即在技术上无法将那些不愿意为消费行为付款的人排除在某种公共产品的受益范围之外；或者在技术上虽可以排他，但排他的成本很高，以至于在经济上不可行。同时任何人不能用拒绝付款的方法，将与其消费偏好不一致的公共产品排除在他的消费之外。

从以上分析可以看出公共物品的非排他性是私人供给失灵从而必须经由政府来供给的关键因素。只要可以排他并且排他成本不高于私人提供就是可能的。随着科学技术的不断进步，许多曾经公认的公共产品的排他性从技术上日益变得可行，排除的成本也日益降低了。比如有线电视设备的出现使对电视用户收费成为可能。由于这一点，在现实社会中纯粹的公共物品是非常稀少的。纯粹的私人物品或服务也并不是普遍存在的。在现实经济生活中，更为常见的物品或服务是居于这两个极点之间的，它们既非纯粹的公共物品或服务，又非纯粹的私人物品或服务；既具有私人物品或服务的特性，可以从技术上排他；又具有公共物品或服务的特性，其消费是集合的或共同的。正因为如此，经济学界赋予它们一个特殊的名称，即“混合物品”。也有人将其称作“准公共物品”或“准私人物品”。这类物品如电影院、体育场馆、客运换乘枢纽、公路与桥梁、学校、超级市场等，关于政府投资范围的争论也大多集中于此。

包括公共资源和“具有利益外溢性特征的可价格排他物品”，而客运换乘枢纽则属于具有利益外溢性特征的可价格排他物品，结合社会产品的划分流程，客运换乘枢纽属性分析如下。

2.5.1 公路客运换乘枢纽的公共物品属性

1)公路客运换乘枢纽是公路交通基础设施的重要组成部分,有较强的基础性、社会性

公路客运换乘枢纽作为公路运输网络的重要节点,在保障运输工具与线路之间、城市交通与公路交通之间、各种运输方式之间、运输供给与需求之间的联系,承担运输组织等方面具有重要作用。公路运输枢纽的集散、中转、组织能力直接影响公路运输网络效用的发挥。近年来交通基础设施建设中“重路轻站”的倾向,致使公路运输枢纽场站建设滞后于高等级公路建设,高等级公路作用得不到充分利用,成为公路运输发展的瓶颈。消除这种瓶颈,可以实现资源有效配置,发挥公路运输优势,提高综合运输效益,加快公路运输现代化进程,促进公路运输市场向有形有序化方向发展,充分发挥公路运输在国民经济中的基础作用。因此,公路客运换乘枢纽是公路交通基础设施的重要组成部分,有较强的基础性、社会性。

2)公路客运换乘枢纽建设具有较大的外部正效益,有一定的公益性

公路客运换乘枢纽是城市实现内外联系的桥梁和纽带,对城市的可持续发展有着很大的作用。公路客运换乘枢纽可以使来自城市外的长途客(货)流在这个“转乘(运)中心”实现与城市的连接,大量外来交通终结于枢纽,从而起到疏导城市交通,缓解城市交通压力,保护城市环境,减少城市污染的作用。公路运输枢纽建

设具有较大的外部正效益，具有一定的公益性。

3）公路客运换乘枢纽建设投资规模大，回收周期长，投资回报率低，属社会服务性基础设施

公路客运换乘枢纽具有的规模大、功能强、效率高、服务优的特性决定了其建设初期投资规模较大。一方面运输枢纽通常受规模经济影响，运输枢纽场站建成后，在达到服务能力以前，使用它的边际成本下降，临界规模低于实际规模，导致运输枢纽的场站供给是不经济的。公路客运换乘枢纽建设初期投资规模大、回收周期长、投资回报率低的这一特点很难满足商业资本追求高回报、低投入的要求。因此，公路客运换乘枢纽建设初期作为独立商业投资项目的吸引力不足，往往需要借助政府的扶持和给予一定的优惠政策才具备商业投资的可操作性。

2.5.2 公路客运换乘枢纽的非公共物品属性

1）公路客运枢纽具有鲜明的生产性，是国民经济的一个生产环节

公路交通以货物和旅客的时空位移这种无形商品参与整个社会生产过程，参与创造价值和使用价值，是生产过程在流通领域中的延续，是确保社会生产与再生产正常循环的重要条件。而大多数这种时空位移活动是在公路与场站进行的，运输环节在公路上进行，枢纽场站进行的活动主要是运输组织、中转换装（乘）、装卸储运、中介代理、通信信息和物流信息等。从生产领域来说，公路运输枢纽的这些活动是实现物质空间价值与

时间价值的具体活动，它是一种直接或间接生产工具，是运输生产力由封闭型小生产向综合运输现代化大生产发展的基础条件。从交换和流通领域来说，它是产业分工、地区分工和地区交流的桥梁和纽带。

2）公路客运换乘枢纽服务能力的消费存在排他性

当客运枢纽站场的旅客发送能力达到一定程度时，每增加一个出行旅客，公路客运换乘枢纽的社会边际成本也相应增加，也就是说，公路客运换乘枢纽存在消费排他性。

3）公路客运换乘枢纽具有明确的直接受益者和可以量化的使用价值

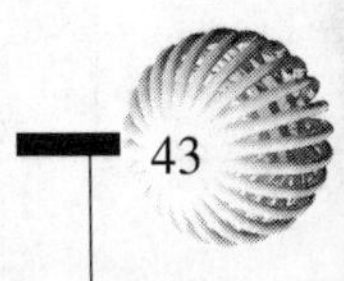

公路客运换乘枢纽在建设和运营管理过程中，消耗了物资和人力资源，使货币资本转化为生产资本。在提供人的“位移”这一特殊商品的生产过程中，它们的价值转化为两部分，一是公路客运换乘枢纽的使用者由于交通运输基础条件的改善而获得的直接经济利益；二是交通运输基础条件的改善所引发的间接社会和经济效益。公路客运换乘枢纽所产生的直接经济效益是可以量化的，而且受益主体明确，即公路客运换乘枢纽的使用者。公路客运换乘枢纽带来的经济利益，尤其是使用者受益的直接经济效益，使公路客运换乘枢纽有了可以量化的经济价值和使用价值，体现了运输枢纽的商品性。

总之，公路客运换乘枢纽是旅客运输服务设施，其功能是为旅客出行提供站务服务，旨在改善道路旅客运

输组织、管理,是与城市交通或其他运输方式等衔接的基础条件,服务对象是全社会大多数公众。公路客运换乘枢纽的经营不以盈利为主要目的,而是追求社会利益的最大化,公路客运换乘枢纽的收费主要是为了维持客运系统的正常运行,只有客运换乘枢纽的部分功能,在为旅客服务的同时,也具有较强的经营性,如公路客运换乘枢纽附属商场、饭店等。因此,公路客运换乘枢纽的属性更主要表现为基础性、公益性和社会性,其次才是经营性,属于偏公共物品的准公共物品。

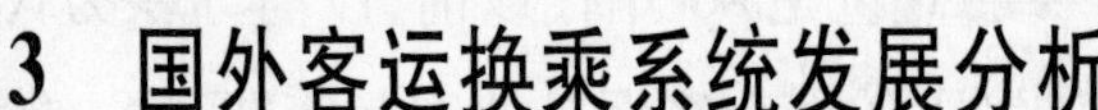

3 国外客运换乘系统发展分析

3.1 国外综合客运换乘枢纽发展历程

在发达国家，综合运输体系由最原始方式水路运输的出现开始，伴随着蒸汽机等现代动力装置的发明，而经历了一个铁路、公路、民航等运输方式逐步发展和部分代替的形成过程，并通过政府管制、运输市场的自由竞争和部分淘汰、拆除，构成了合理的国家综合交通体系。因此，依据各国国情，具有合理结构的发达国家综合交通体系的形成，是快速增长的运输需求刺激的产物，是政府调控和运输市场生存竞争的结果，显然在发展过程中具有一定的盲目性。据此，根据综合运输体系客运发展的需要，在发达国家交通运输问题研究的重点是基于逐步形成的、结构合理的综合交通体系组成的综合运输问题。

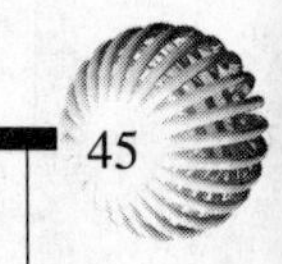

真正意义的综合运输概念的产生是在多种现代运输方式得到发展，国家综合交通体系初步形成之后。随着经济、社会和科学技术的发展，综合运输概念不断被赋予新的形式。最早提出综合客运这一概念是在20世纪40～50年代，但真正被普遍使用是最近二三十年。结合综合运输理论的研究与实践，如果以20世纪80年

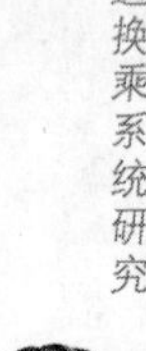

代前后为标志，国外综合客运交通体系发展一般可分为两个阶段：

第一阶段——20 世纪 80 年代以前，以前苏联为代表的计划经济体制下的综合客运的研究与实践，这一阶段是在运网不发达、运能相对短缺、追求运输数量和运能充分利用的前提下展开的，是以计划作为配置运输资源的机制，旨在实现客运系统的设计、建设、运营和发展整体优化。代表性的研究有“各种运输方式的协作和综合发展”（B. B. 波沃洛任科著，1982）。运输模型具有鲜明的技术经济比较和数量经济特征，主要根据不同客运方式的合理运距确定方式间的合理分工、方式间的分流运输及运输过程的相互衔接与配合；而对于运输需求的多样化、个性化特征，以及对运输产品与换乘服务的质量的要求，则比较忽视并缺乏研究。由于对运输需求及各种影响因素的简化理解和处理，造成运输系统缺乏内在的发展要求，特别是排斥竞争、片面强调“协作”，导致理想化的系统最优缺乏可操作性和可实现性。而这一阶段以欧美等西方发达国家为代表的市场经济体制下的综合客运系统的研究与实践，是在运输网络比较发达、运能相对富裕、重视客运质量和服务水平、追求运输成本最小化、运输效用最大化和市场占有率的保持和扩展，是以市场作为配置运输资源的手段。因此是在运输方式的竞争和协作的相互作用下，强调需求的多样化、个性化特点，运输质量和服务水平和用户效用最大化的方式选择，注重运输方式间的换乘衔接配合，同样

隐含系统资源配置和利用的优化思想,具有可操作性和可实现性,客运换乘系统开始逐步向集约化方向发展。

第二阶段——20世纪80年代以后,前苏联的研究与实践基本处于停滞状态,而西方综合运输的研究与实践成功,则随着经济一体化进程的加快成为综合运输系统研究与实践的主流。美国国家综合运输中心提出:"综合客运系统是一种对运输系统进行规划、建设和运营的方法,它强调运输资源的有效利用和方式之间的有效衔接"。欧盟认为综合客运是"各种客运方式能够整合到门到门的运输链中,在实现有效衔接基础上显示出各自合理的经济特性与运行特性,以提高整个客运体系的运行效率"。

美国1991年的"陆上综合运输效率法案"将传统上重视具体运输方式的政策,转变到全面推进综合交通系统的规划、政策和分步实施上,它规定:国家综合运输系统应该由统一标准和相互联结的各种运输方式组成,包括未来的各种运输方式。国家综合运输系统的建设重点是方式间的联络设备(换乘设施)、综合客运枢纽和公共运输通道等。同时这一阶段美国的交通政策也转变到强调多种运输方式换乘衔接的政策上来,1995年11月的联邦公路法更是强调公交与小汽车等多种运输方式的联运换乘,把交通发展的重点由新建基础设施转向强化多种运输方式换乘衔接来提高运输效率。

通过这一阶段的发展,社会对交通运输的需求进入了从数量向质量发展的时期,以组织"无缝中转"、"零

换乘”为核心的运输理念应运而生，西方发达国家客运换乘系统建设趋于成熟。

3.2 国外客运换乘枢纽发展现状

3.2.1 国外城际客运换乘枢纽发展

发达国家经济发展水平很高，受私人小轿车、高度发达的航空运输、人们的生活水平及消费理念等诸多因素影响，城际间公路客运中的公共旅客运输所占比例非常小，服务对象的范围也很窄，所以公用型的公路客运站不是很发达，现有的公路客运车站一般为客运公司所有并独立经营，规模不大，主要为本企业服务。小型企业在站务设施上都依附于大的客运企业。

而铁路、高速公路和航空是城市对外联系的纽带，随着综合交通体系的发展，国外发达国家大城市各种运输方式的多式联运、港站内各种运输设备的匹配与布置日益一体化，城市对外交通与城市内部交通的衔接也趋于成熟。

以航空港与城市交通的换乘发展为例，传统中航空与城市交通方式之间的转换，大多利用机场交通车、公共交通汽车、出租汽车和私人轿车，其高昂的费用、道路交通量的增加、巨大的停车需求等都引发了诸多矛盾。八十年代以来对于两者之间的衔接换乘，越来越强调一体化客运体系的建立，即综合航空、铁路、地铁（轻轨）、公共汽车等为一体的换乘新模式，很快为世界各主要航

空港所采用,如东京成田空港、大阪关西空港、香港新机场、里昂机场等。现以日本关西国际机场、德国法兰克福机场大楼、巴黎戴高乐机场为例阐述国外大城市航空港的客运换乘状况。

1)日本关西国际机场

遵循城市建设可持续发展原则,花费巨额投资建在填海造地远离居民区的人工岛上。人工岛距陆地较远,机场的交通用一座桥梁与陆地相连。关西机场高速公路通过此桥同陆上阪神和阪和两条高速公路相连,再在路上引临近的JR阪和线与南海电铁本线两条轨道交通进机场。大量进出机场的客流主要靠这两条轨道交通以及大量的机场公共电汽车运送。两条轨道交通线可到达大阪各地及难波、奈良、京都和歌山等临近城镇;机场公共汽车线路总共有20多条,可抵达散布在大阪及邻近城镇各地的机场公共汽车终点站,轨道交通机场车站设在机场大楼的第二层,出车站就有电梯和自动扶梯通达大楼的其他各层;20条机场公共汽车线分布在12个停靠点上,停靠点依次排列在一层最靠近机场进出口的廊下,为进出机场旅客换乘轨道交通及机场公共汽车提供了最为方便的换乘条件。另外这些机场公共汽车终点站都设有停车场,让旅客可乘小汽车到此停放,换乘机场公共汽车到达机场。

2)法兰克福机场大楼

法兰克福机场第二层是出发层,第一层是到达层。机场公共汽车站在第一层门口,底层是地铁站(s Bahn,

u Bahn)和三层地下停车库,机场大楼旁另有10层停车库。上下层建筑都设有自动扶梯,到发旅客可非常方便地换乘地铁去市区和到达机场。

3)巴黎戴高乐机场

1994年TGV(法语缩写)车站在机场投入使用,使这几十年来不断扩建的机场大大扩展了服务覆盖面,真正确立了"转乘中心"的职能,包括高速列车、轻轨、公共汽车,甚至无人驾驶的自动地铁(VAL)等均可在站厅内实现相互转换,该空港在同一屋顶之下,通过不同运输方式的衔接,可以作到"下飞机足不出站就可以到达欧洲的各主要城市",成为世界空港建设的典范。华西—戴高乐机场地区快线/高速火车站车站换乘联系通道如图3-1所示:

图3-1 华西—戴高乐机场地区快线/高速火车站

国外大城市火车站枢纽与城市交通的衔接换乘也日益一体化。火车站不仅成为市际与市域(市区)交通的衔接点,而且也是市区(市域)各种运输方式的换乘站,是城市中最为重要的换乘枢纽。在早期的火车站建设中,铁路与地铁的衔接多采用地下通道相互连接,如建于本世纪初期的纽约Grand Central Terminal与Pennsylvania Railway Station均是通过地下步行街来沟通铁路与地铁车站以及周围的各种建筑。当在火车站进行各种运输方式换乘的人流特别巨大时,国外的特大城市

趋于综合利用地下空间,使各车站集中布设于同一站域之内,通过多层的衔接,使人流便捷地在地下进行换乘,并诱导人流迅速地在地下分散,如据称是世界上最大换乘枢纽的日本 JR 东京新宿站(日客流 100 万人次)以及东京站、法国巴黎里昂站等,均是采用多层衔接的方式来完成铁路与地铁(地铁与其他运输工具)的换乘。以下是法国大城市对外客运换乘枢纽建设的几个实例。

1)华西—戴高乐机场—高速火车站

在该换乘枢纽建设中,由法国北部来的高速火车(TGV)并不直接接到城市内部,而在该机场与民航、高速公路及城郊地铁相聚合。该枢纽站的建设目的在于建设一个唯一的、处于各种交通网络中心的新型生活场所,站内布局见图 3-2。

2)瓦朗斯(Valence)高速火车站

地中海高速火车沿着城市边缘与地区的火车线和公路在该地方相交,该转换中心的建设能够实现高速火车、普通列车和公路的有效转换,同时在设计时,充分考虑了枢纽建筑与城市景观的协调性,站内布局见图 3-3。

图 3-2　华西—戴高乐机场换乘布局

图 3-3　瓦朗斯高速火车站

3)埃克斯(Aix)高速火车站

在该火车站建设中,为了方便旅客的换乘,政府首先将一条公路移位并改造成高速公路,再在高速公路上建设火车站,最终形成了一个理想的汽车—高速火车的转换中心,见图3-4。

4)里尔—欧洲之星火车站

该枢纽站汇集着轻轨、地铁、高速公路和高层的商业办公楼,高速火车到达这里并靠近城市中心,枢纽站的设计主要希望借交通中心的活力带动经济的发展,设想将火车站设计成为城市中的一条新的街道,见图3-5所示:

图3-4　埃克斯(Aix)高速火车站

图3-5　里尔—欧洲之星火车站换乘

5)马赛圣—查尔斯转换中心

该转换中心是一座汇集了各种运输方式的建筑物,通过重组枢纽周围的空间,赋予了城市一个新的特征。转换中心的设计在解决交通问题的同时,还突出了城市自身独特的个性,体现历史文明与现代文明协调、融洽的城市精神,见图3-6。

6)华盛顿联合车站(Union Station)

Union Station 为华盛顿连接市内、外交通的换乘

点，如图3-7。在该换乘枢纽内美国国铁车站在地面一层，与地铁上下转换有自动扶梯，多层停车库就在旁边，地面常规公交与出租车停靠点就在门口。从国铁到达的旅客，在联合车站内上下层之间就可换乘轨道交通到达市内、市郊各地；公共汽车或各条轨道交通乘客也可在联合车站上下层之间换乘其他轨道交通或公共汽车；开小汽车到达的旅客可在停车库存车后，在联合车站内换乘国铁或轨道交通。

图3-6　马赛圣—查尔斯转换中心方案

图3-7　华盛顿联合车站

目前整个 Union Station 的运营由联合组建的 Corporation 统一负责与协调，包括 Union Station 的商业开发、不同运输方式之间的换乘衔接设施的建设、信息服务平台的搭建，在整个协调运营过程中，不同运输方式的公司将派人参与。

3.2.2　国外城市内部客运换乘枢纽发展

与城市对外客运换乘枢纽建设一样，国外大城市内部客运换乘设施的建设与管理也趋于一体化。如纽约城市公共交通各种方式（地铁、通勤铁路、轻轨、地面公交、轮渡等）均由纽约州交通局（New York Metropolitan

Transportation Authority)统一管理,实现了各种运输方式之间统一规划和管理。城市公共交通的这种统一的管理体制便于组织各种运输方式之间的衔接和换乘,提高整个城市交通系统的运输效率。

在汉堡,各种运输方式的衔接点均由换乘设施相连,其中客运换乘的场所主要在城市快速轨道交通站点的周围,在 HVV(公共交通联会)经过的地区,共有 188 个快速轨道交通车站。其中,有 150 个车站能换乘公交车;有 22 个车站已经形成主要的换乘枢纽,乘客可以方便、安全、舒适地换乘;在其余的车站,公交车停靠在路边。对于汉堡高速铁路 AG 公司而言,一个突出的问题是要保证乘客从 U-Bahn 安全换乘到公交车。在 2 ~ 5min 的换乘时间内,乘客有时会在列车靠站时看到准备换乘的公交车正驶离换乘点。为了避免这种情况发生,在 18 个公交站点,有 49 条公交线路上安装了联动保证系统(ASS)。通过该系统,计算机发送信息给公交车驾驶员,指示是否在车站等待换乘乘客。通过这种手段,晚到的 U-Bahn 的乘客仍能赶上公交车。这种系统在晚间发车稀疏的时候就显得更加重要。

在 73 个主要换乘站中,有 P-R 停车场供驾驶者免费使用。通常有 HVV 季票的用户能租用一个固定的停车场所,费用为每月 60 马克。另外所有的车站都设有 100 ~500 个泊位的自行车停放间,自行车所有者能租用自行车保险锁,费用为每月 14 马克。具体介绍 Steinfurther Allee 换乘站与 Norderstedt 换乘站如下:

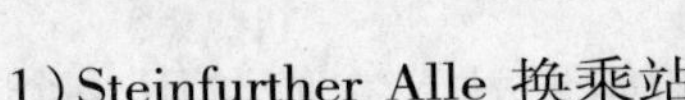

1)Steinfurther Alle 换乘站

位于汉堡东部,是一个城市轨道交通与城市常规公交的换乘车站,连接 4 条公交线、一条 U-Bahn,还提供一个 340 个泊位的室内 P-R 停车场,在换乘设施中,还包括 150 辆自行车停放空间、4 个可供出租自行车保险锁的点和一个 K-R 下车点。两层的 P – R 停车场通过步行天桥与公交站相连,在换乘枢纽周围是居住区和四通八达的道路交通。

1990 年该枢纽建成开放,乘 U-Bahn 到汉堡需要 19min,高峰小时内每 5min 发一列车,P-R 为从外面进城的乘客提供了方便,如 85% 的停车场用户来自于 Schleswig-Holstein。换乘枢纽与周围地区有便捷的交通联系,公交车站、P-R 停车场、U-Bahn 之间的距离非常近。一些辅助设备如列车通告牌、时刻表、交通图等也为乘客提供了方便,为残疾人提供的各种设备如电梯、低地板车等依靠轮椅的乘客也能方便地使用 U-Bahn。先进的现代化的设计也增加了换乘枢纽的舒适性和安全性。每天有 13000 名乘客使用该换乘枢纽,其中包括 6200 名公交乘客和 800 名小汽车使用者。大约有 46% 的乘客选择步行或自行车到达 U – Bahn 车站。

2)Norderstedt 换乘枢纽

在 HVV 经过的北部地区,距汉堡市中心 17km,也称为汉堡 Speckgurtel。在其周围有 70000 居民和 4 个行政区域,Norderstedt 换乘枢纽的特殊之处在于为两条快速轨道交通的衔接提供了方便,该枢纽站是 U1 线的

终点站,同时也是A2线的始发站。它们共用一个U型站台。A2线深入站台中央,U1线分布在站台的两边。在站台上方有5条公交线路,有可容纳250辆自行车的停车场,出租车站也靠近枢纽换乘站。两个P-R停车场可容纳800辆小汽车,在换乘枢纽附近聚集了许多商业、行政大楼。每天有12000名乘客使用该换乘站,其中包括7000名轨道交通使用者和4000名公交使用者。Norderstedt换乘枢纽同样方便残疾人交通换乘,安装了滚梯和其他安全设施。

汉堡的换乘设施是城市规划、建筑设计的完美结合,换乘设施为乘客提供了舒适、安全的服务,同时也降低了城市交通的运营成本,提高了城市综合交通的运营效率。

其他大城市也非常重视不同运输方式换乘系统的建立。伦敦重要的车站和地铁站几乎都建在同一栋站台之内,而且出站就有公共汽车或小汽车停车场。有1/3的地铁站和小汽车停车场结合在一起,有些地铁站就设置在人流相当集中的大商店和办公楼底层,这种交通设施为人们换乘城市公共交通系统提供了方便而有效的服务,同时又能限制私人小汽车进入市中心区,减轻了市中心的交通压力。这种"停车——换乘"(Park and Ride)模式在欧洲其他城市应用得非常成功且效果显著,在轨道交通辐射线路的郊区和卫星城镇的各个站点附近,精心设置了与站点衔接良好的停车设施,引导城市外围地区的居民在进入城区前进行运输方式的转

换。而莫斯科的公交换乘站则分为地铁与地铁、地铁与地面铁路、地铁与地面公交车站等多种类型。全市600多条公共汽车线路中，有500多条能与地铁连接。有的地铁站附近集中多达20条公交汽车、电车路线。此外，莫斯科换乘站建设时，还普遍做到了与地下行人过街通道相结合，一些公交车站就设在地下行人过街通道的入口旁边，缓解了路上车流与行人的矛盾，保障了交通安全与畅通，方便了乘客。

3.3 国外客运换乘系统发展经验与启示

3.3.1 集约化的交通管理体制

欧美发达国家的交通行政管理体制，与其"三权分立"的国家制度相适应，行政管理机构分为两个层次，即立法层次与执行层次，在西方国家，国会（议会）制定交通法令和法规，通过法律对交通运输所涉及的社会经济或其他方面的关系进行调整，并规定交通企业及各级管理机构的权限和职责。在相应的行政管理机构的设置上，具体的专业部门不多，主要是综合性管理部门，而这些综合性管理部门的职能很强，权限比较宽。政府采用宏观管理、微观放活、综合协调、行业自主的管理方式，用少数交通行政管理机构及其延伸机构，管理综合交通事务，促进综合交通事业持续稳定的发展。

国际经验表明，政府机构改革的目标是：将企业从行政管理和法规管理中分离出来；使局/委员会的内部

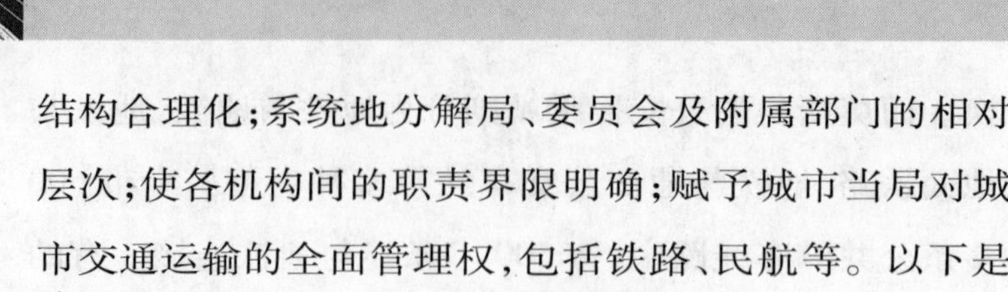

结构合理化;系统地分解局、委员会及附属部门的相对层次;使各机构间的职责界限明确;赋予城市当局对城市交通运输的全面管理权,包括铁路、民航等。以下是几个发达国家或地区的交通管理模式:

1)美国交通管理体制

在美国,联邦一级设有运输部,是各类交通运输的主管部门。运输部成立于1967年,下设9个局,包括美国海岸警备队、联邦航空管理局、联邦公路局、联邦铁路局、国家公路交通安全管理局、联邦公共交通管理局、圣·劳伦斯海道管理局,海事管理局和一个秘书处,负责综合运输的协调和管理。运输部是美国联邦政府制定交通运输政策的部门,此外,它还与其他机构协调,起草并提交所有交通运输或与交通运输有关的立法,并提供州和城市交通项目的技术支持,同时负责拨款。而其中联邦公路局主要负责有关公路设施管理、交通安全、车辆管理,驾驶员管理、驾培行业管理、交通监控、交通信号、道路标志线管理等。

美国各州的运输管理机构,也大都依照联邦政府的模式建立,称为运输厅或运输委员会,统一对水陆空运输的管理。美国政府对运输的管理,主要是制定全面的运输政策、长远规划、组织协调、规章制度,对运输企业的经营进行督导等。即:

(1)抓建设。交通基础设施,包括公路、铁路、港口、航道、机场和输油管道等,建设期长、投资大与涉及面广的项目由联邦和州政府负责。

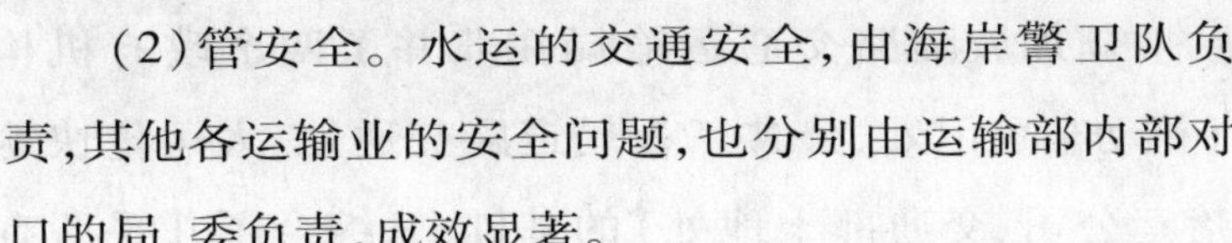

(2)管安全。水运的交通安全,由海岸警卫队负责,其他各运输业的安全问题,也分别由运输部内部对口的局、委负责,成效显著。

(3)组织科研。运输部内有主管科学研究与业务规划的局,自己不做实际的科研工作,其主要任务是确定课题、划拨经费、组织协调、交流成果,而实际的研究工作,则由高等院校和州级交通部门的科研单位承担。运输部下属的专业情报中心,负责情报搜集与交流。

(4)定制度。制定统一的规章制度,规定运输线路、运价;组织协调,监督企业执法、纳税等。

美国运输组织管理有三大特点:

(1)集中统一,综合协调水、陆、空等各种运输方式。

(2)按照决策、执行和监督要求成立的运输部加强了联邦政府的管理职能,实行中央、地方分级管理,从而改善了交通运输结构,使各种运输方式得到综合协调发展。

(3)政企分开,政府从管理企业的事务圈内解脱出来,腾出力量行使政府的职能。

美国国会中关于运输部的法令中明确指出,设立运输部的目的是为了把联邦政府对水、陆、空交通的管理职能由过去的分散管理转为统一管理,以保证政府对各种运输方式的发展进行统一的规划、组织、协调和强化管理效能。美国交通运输管理机构设置如图3-8:

2)新加坡和香港交通管理体制

新加坡陆路交通运输局在兼并了四个政府机构（机动车登记处、公共工程局道路交通处、大运量快速客运公司、交通部土地处）的基础上，综合了几乎所有

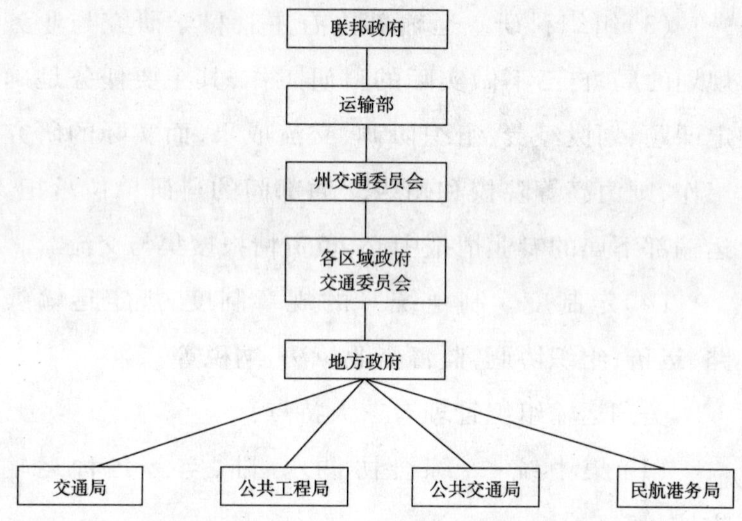

图 3-8　美国交通管理体制

的有关路陆交通方面的政府职能，其职能范围明显扩大，该局的权利通过法律确定下来，取消了道路、轨道交通和各种运输方式间的管理界限，有利于各种运输方式的合理衔接，最大程度地促进了综合交通体系的一体化发展和凝聚力。

香港特区政府设有一套运转良好的管理所有运输方式和路政设施的机构，即路政司管辖下的运输科，该运输科负责制定城市整体交通政策，指导和统筹所有的内部交通事务。运输科下设运输署和路政署，运输署负责监督道路交通条例和有关公共交通服务法规的执行，统一管理香港地区所有公共电汽车、地铁、出租车和过境客运业务等不同运输方式；路政署负责设计、建造和

维修所有道路并研究设立新铁路网的建议。另外设立一个交通咨询委员会(属民间性质),协助运输署执行任务,统一协调各种运输方式的发展与管理。

这种集中统一的交通管理体制,避免了政出多门的弊端。在规划与管理上,有利于从全面发展出发,权衡各方面的利益而不至于各行其事。

3)日本交通行政管理体制

在近50多年的时间里,日本交通运输行政管理机构经历了4次重大体制改革,经历并实现了由分散到集中、由集中到统一、由统一到综合、由综合到完善的发展变革过程。这正是日本交通运输业促进日本经济快速增长的重要原因。

当前日本的内阁设运输省,主管海、陆、空交通事业。1984年日本运输省机构改革,打破了原来的纵向业务机构,实行了纵横联合、以横为主的组织体制,改革后的交通管理体制有如下特点:

运输省内部设有一厅七局,分别为大臣官房(办公厅)、运输政策局、国际运输旅游局、地域交通局、货物流通局、海上技术安全局、港湾局和航空局。地方运输机构则由原来九个海运局和九个陆运局合并成立了九个地方运输局。2001年,在运输省的基础上,又进行成立了国土交通省,将原国土、建设、北海道开发等机构的职能也进行了整合。

体现了国土交通省由指令性行政机关向政策性行政机关的蜕变。国土交通省非常重视对今后整个交通

运输业加强政策指导,因此特设了运输政策局,以便从长远的、综合的观点出发,对运输行政中所面临的一系列共性问题进行研究,制定其基本政策。

4)欧盟交通管理体制

英国现行的交通管理职责主要由运输部负责。在近年的政府行政改革中,英国普遍实行了“大部制”机构,将业务相关性较强的部门尽可能合并,以利用部门之间的沟通协调和政府资源的有效利用。1988年,英国政府在各部外设立若干“执行局”,专司行政执行职能,负责向社会提供高质量的服务。目前,运输部内部只保留一些核心部门,负责有关道路交通的政策制定、政策执行监督以及财政资助等事务,有关交通运输方面的具体事务大多由下面的执行局和非政府部门的公共团体来完成。

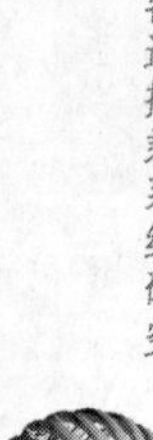

与英国的“大部制”改革类似,德国将原来的联邦运输部、联邦土地规划和建设部、联邦房屋合并为运输部,主要职责是管理全国整个运输行业,包括铁路、公路、水路、航空。德国的交通部下设有交通政策局,对交通运输的发展进行行政上的干预和政策上的引导,交通部把交通政策、建设规划、投资分配有机地统一起来。各州政府负责制定交通运输政策,而特大城市和都市区联合组成交通运输管理局,这个机构代表所参与的城市政府运输经营者,并制定计划和将各种客运服务进行一体化管理,并且协商出一个共同的费价体系和投资计划。如慕尼黑MTV协调城市的公共汽车和大运量的轨

道交通系统、市郊铁路、国家铁路等大约50个经营者的客运交通服务。

3.3.2 强调多种运输方式的综合协调理念

一体化、集约化成为国外客运换乘系统建设的典范。在建设过程中充分考虑了客运换乘枢纽在整个运输网络中的地位，以及各种运输方式间相互协调、相互依托的关系，以保证综合运输过程的连续性。为此，通过综合客运换乘枢纽的合理布局使各种运输方式有机衔接，从而实现各种运输方式的高效换乘。综合运输各种运输方式间的衔接系统已是当今和今后高效、安全和舒适的现代化客运系统的一个重要组成部分，已成为综合交通规划的一项重要内容。在进行客运换乘枢纽规划建设过程中充分考虑以下协调发展理念：

1）实现最短的换乘距离

2）高效的客运换乘衔接组织与一目了然的诱导标识

3）舒适的换乘条件与充分的空间容量

4）安全与必要的服务

5）各种运输工具的联运（包括票价、运行时刻表等）

6）智能化趋势

3.3.3 规划建设和管理并重

在国外客运换乘枢纽系统中，一体化基础设施的规划建设同时强调建设必要的运输服务设施，统筹搭建综

合交通信息服务的平台，建立科学合理的组织管理系统，综合考虑客运换乘枢纽的内部交通设计、外部交通组织以及环境设计，使不同运输方式之间的搭乘转换客流在换乘枢纽实现高效换乘，换乘枢纽内软、硬件系统结合为一个有机整体，真正实现融管理于服务之中的科学有效的运行机制。

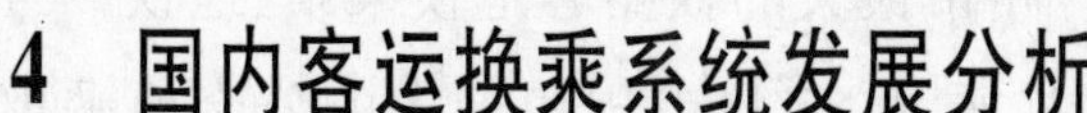

4 国内客运换乘系统发展分析

4.1 国内客运交通换乘发展回顾

我国对客运交通换乘衔接的研究始于20世纪90年代。在1997年底,上海出现了新的交通问题,即高架快速道路在运营三年左右时居然出现了严重拥堵现象,在这样的形势下,意识到交通问题不是仅靠交通投资建设就能解决的。另外上海市地面公交网络为世界之最,但却不能满足上海市日益增长的交通需要,究其原因,除了由于上海市的轨道交通建设尚处于初始阶段,另外一个重要的因素在于城市内部各种运输方式衔接不协调,城市综合交通体系的运行效率较低,具体体现在城市客运枢纽的交通组织混乱,换乘设施建设滞后。

鉴于以上情况,市政府在《上海市城市交通白皮书》中,提出了上海市交通发展战略,即建成多式联运的综合交通系统:通过便捷的客运枢纽、紧凑的站台设置,为乘客创造方便的换乘条件;通过"停车——换乘"实现公共交通与个体交通的有效转换;通过综合性枢纽和连接市内的道路、轨道,将航空、港口、火车站和公路等对外交通设施与市内交通紧密相连;通过物流中心,重新调配货物的流程,提高货运效率。

1999 年，广州市完成了铁路车站站前地区综合交通枢纽规划的设计方案，该区域是广州市重要的综合客运枢纽，集了广州市最大的铁路客运换乘站、地铁 2 号线与 3 号线的换乘站、广州市规模最大的公交换乘枢纽、规模最大的长途客运站，以及著名的商业批发、广交会馆于一体，各种运输方式之间的换乘便捷。该枢纽确定以公交、地铁、铁路客运之间的换乘为主要功能，将交通组织设计与交通管理规划相结合，将各运输方式按层次空间组合到换乘枢纽内。

同时在国家公路主枢纽的规划布局过程中，根据公路客货运输发展的新需求以及已建成客货运输站场运营经验和存在的问题，各地对公路客运换乘衔接进行了有益的探讨。客运站的布局选址不仅考虑对外的衔接（与高速公路及干线公路的衔接），更要考虑对内的衔接（与城市交通的衔接）以及与不同运输方式之间的衔接（与铁路、水运、航空港的衔接）。如成都市在公路主枢纽客运站建设中高度重视与高速公路及城市交通衔接，坚持客运站与高速公路及公共汽车站统一规划，统筹建设的原则。一方面，将公路客运站作为高速公路的附属设施一并考虑土地的征用，不但避免了公路站场征地难的问题，而且享受了与高速公路同样的税费优惠政策，降低了建设成本；另一方面，为有效发挥站场的功能，由成都市政府出面，协调公交部门，在紧邻客运站处同步建设公交总站，并开通多条公交线路，大大方便了乘客，从而提高了车站的利用率。这样不仅避免了征地的困难，降低了建设成本，加快了建设进度，而且最大限度地发挥了客运站建设的效益，满足了旅客方便出行的要求，取得了较好的效果。另外，广州市芳村客运站选址在地铁站一侧，并在市政府的协调下将由交通、地铁、市政三家共同建设一座连接客运站和地铁站的廊桥，不仅可以有效地发挥客运站的功能，也能方便旅客的出行，从而取得良好的经济效益和社会效益。还有，杭州市的客运南站选址于高速公路、城市环路、机场路三者交汇处，较好地解决了对外、对内及与其他运输方式之间的衔接问题。实践表明，客运不同于货运，客运站的建设必须考虑旅客出行的便利，解决好客运站对外、对内交通以及与其他运输方式之间的衔接是客运站布局选址的关键。

与此同时，大城市交通的换乘衔接也日益引起国内学者的重视，北京工业大学任福田教授等通过调查北京居民从居住地骑自行车再存车换乘公交出行，研究主要换乘点的自行车的存车量及骑车者的骑车时间，对北京城市自行车与公共交通的换乘进行了分析；上海市建委课题组于 1997 年对上海市公共交通枢纽现状进行了分析，对上海市公共交通枢纽建设提出了具体建议；同济大学晏克非教授等通过研究广州市客运换乘衔接状况及存在的问题，提出了广州市客运衔接改善方案，对改善的近期方案、中远期方案进行了编制。总的来说，国内城市交通衔接的研究还处于起步阶段，基础资料还很缺乏。在我国城市化进程快速发展的今天，研究我国城

市中如何抓各种运输方式的综合，分析我国客运换乘枢纽发展所存在的问题，探讨怎样解决这些问题亟需进行。

4.2 综合客运换乘枢纽发展现状

4.2.1 总体发展情况

近20年来，我国综合交通的不断改造和建设，已经有了较大的进步与发展。交通运输设备和装备成倍增加，运输能力得以加强；技术状况明显改善，运输服务质量大大提高。至2005年，国道主干线将建成3.25万公里，西部开发省际公路通道将建成1.17万公里，分别完成规划里程的91.8%和67.2%。“十五”期间重点建设的“两纵两横三个重要路段”全线贯通，公路在综合运输体系中的骨干地位得到加强，国家公路主枢纽建设取得了巨大成就，新一轮国家公路运输枢纽建设也将拉开序幕；铁路已经覆盖所有省、市、自治区，“八纵八横”的铁路网基本形成，规划构建的“四纵四横”高速铁路客运通道，将建立省会城市及大中城市间的快速客运通道；民航已初步建成以北京、上海、广州为枢纽机场，省会和主要城市为干线机场，干支机场相互配合的机场布局基本形成连接各省、市、自治区主要城市的国内航线网；水运方面已形成了以长江、珠江、淮河和京杭大运河等水系为骨架的内河航运网，以环渤海地区、长三角地区和珠三角地区港口群体为主的沿海航运网。随着综

合运输网络的日益完善,综合客运换乘枢纽的发展取得了长足进步,在航空枢纽、铁路枢纽站场、公路客运枢纽以及城市公交枢纽在客运换乘衔接建设方面都进行了可喜的探讨。

4.2.2 我国综合客运枢纽发展

4.2.2.1 目前已建成并投入运营的综合换乘枢纽

1)香港国际机场

香港国际机场位于大屿山东涌村北,距九龙市中心约30km。香港国际机场占地1270公顷,主要把建机场的两个岛屿加以平整,并利用挖掘料和海沙进行填海,建成两条跑道,各长3800m,可供世界上最先进的大型客货机升降,其概貌如图4-1。两跑道之间建造客运综合大楼,年处理乘客量8700万人次,货物吞吐量890万吨。香港国际机场启用时,南面跑道和相关设施,包括客运大楼的主要部分都投入服务,每年可接待旅客

图4-1 香港国际机场俯瞰图

3500 万人次。随后，增设北面跑道、客运大楼的后建部分及其他设施。为配合香港国际机场的建设，兴建了香港国际机场通道系统，有关的主要道路工程包括西区海底隧道、西九龙快速公路、三号干线青衣段、青衣至大屿山干线及北大屿山快速公路。

除了通往香港国际机场的通道外，香港还设计兴建了一条香港国际机场铁路，为使用机场的人士提供最舒适及方便的服务。机场铁路全长 32km，由中环至西九龙和荔景，经青衣横过青衣至大屿山干线，然后沿大屿山北岸通往香港国际机场。

为方便旅客，机场配备了旅客捷运系统。它是无人驾驶的全自动列车系统，可将旅客由客运大楼一端运送至另一端，方便快捷。目前，该系统贯通中央客运廊地下室，全程约 700m。它将接驳至其他没有直接行人通道连接的建筑物，并以组合方式向东、西继续延伸。整个系统由位于机场的运作控制中心操作及监控。捷运系统以每小时 60km 的速度在混凝土路轨上行驶，路轨两旁装有导轨，车程约需 70s，每部列车最多可装载 90 人。

2）广州火车东站

广州东站是广州城市新中轴线北端起点，也是广州地铁一号线东端起点站，以及广州铁路、公交、地铁 3 大运输方式的重要结点。建筑设计上与火车站、站前广场融为一体，将地面交通、地下交通结合起来，如图 4-2 所示。乘客可以在地铁、火车、公交车（或出租车）之间方便地换乘。具有换乘量大、辐射面广的特点。如图4-3所示。广州火车东站是地铁一号线和三号线的一个接驳口，主要是连接广州和深圳、香港以及全国各大城市的铁路枢纽。

图4-2　广州东站换乘大厅

图4-3　广州东站内运行的列车

3)北京动物园公交枢纽

(1)基本情况：

动物园公交枢纽大厦位于北京市西直门外大街南侧，西与北京天文馆、首都体育馆、腾达大厦比邻，经白颐路可直通中关村科技园区，东临京鼎大厦、北京展览馆、德宝饭店，经西直门立交桥可直通二环路。枢纽大厦建设用地14748.9m^2；东西长215m，南北宽70m，高48.5m；总建筑面积101793m^2；建筑结构为地下两层、地上八层、局部十层。

动物园公交枢纽是北京市规划建设的重点客运交通枢纽之一，系北京市重点工程。该枢纽的建设是加快首都交通基础设施建设的重大举措，对于充分利用城市土地资源，加快城市基础设施建设，改善广大群众乘车和换乘条件，提高公共交通现代化管理水平有着重要意义。该枢纽于2004年6月10日建成，是集智能化公交运营调度、多条公交线路中转、商业批发零售、餐饮休闲

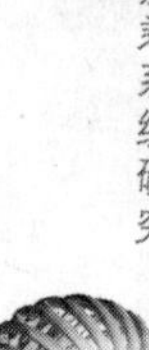

娱乐、商务办公为一体的大型现代化客运枢纽中心。

(2)枢纽换乘衔接：

枢纽首层设计围绕客运枢纽交通功能，坚持以人为本、服务乘客、方便乘客的原则，安排公交站台 10 个，可解决 10 ~ 15 条公交线路的到发功能。动物园公交枢纽换乘站台见图 4-4，枢纽交通组织示意图见图 4-5。

图 4-4　动物园公交枢纽换乘站台

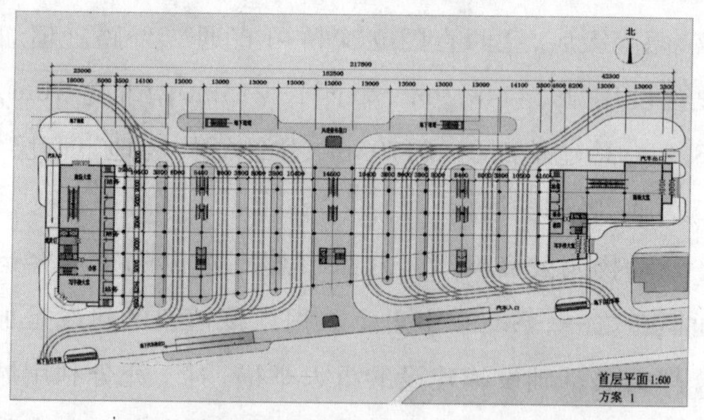

图 4-5　枢纽交通组织示意图

公交换乘枢纽地下一层为宽阔的乘客换乘大厅，并与地铁、过街通道相通，同时设有自行车存放处，可停自行车 3200 多辆，方便乘客存车，现枢纽日登降量达到

5.5～10 万人次。枢纽地铁换乘大厅见图 4-6。

动物园公交枢纽投入使用一年多的时间以来，充分实现了人车分流、有序疏导的交通组织功能，为北京市民提供了便捷舒适的乘车、候车环境，改变了过去动物园地区换乘无序、人车拥堵现象，为保证西外大街交通顺畅发挥了积极作用。

4.2.2.2 规划或即将开工建设的综合客运枢纽

1）上海虹桥综合交通枢纽

上海虹桥综合交通枢纽规划于 2006 年 10 月获得国家有关部门通过，将在 06 年底开工，2010 年基本建成。上海虹桥综合交通枢纽将成为一座使高速铁路、高速磁浮、航空港、城际和城市轨道交通、长途巴士及地面公交紧密衔接的现代化大型综合交通枢纽，未来枢纽内各种运输方式的位置安排，都将最大程度地方便乘客进行换乘，轨道交通与铁路、磁浮、航站楼之间的换乘距离将控制在 200m 左右。走出虹桥机场西航站楼，约用 10 多分钟时间即可步行到距离最远的京沪高铁车站。虹桥综合交通枢纽布局图如图 4-7 所示。

图 4-6　枢纽内地铁换乘大厅

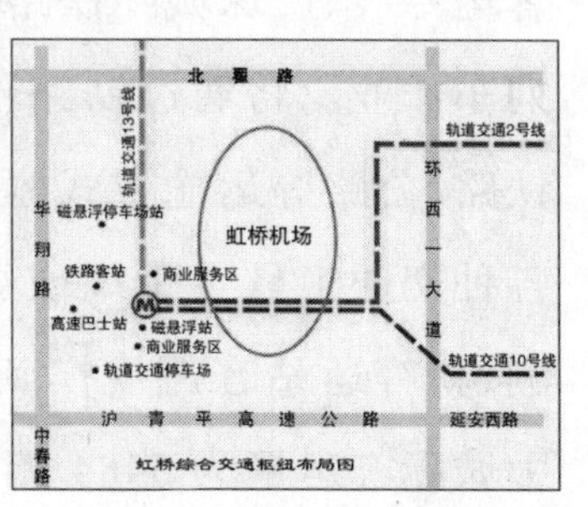

图 4-7　虹桥综合交通枢纽布局

规划中的虹桥枢纽，分为内外两套体系：在对内衔接方面，铁路、磁浮、航站楼主体交通设施，采用了立体、多层、单向循环的高架道路系统，通过4个立交与枢纽外部的快速道路网络连接。高架单向循环道路与主体建筑的高架层、地面层和地下层的车道以及主要停车设施相连；在对外衔接方面，通过快速路网和干道网沟通枢纽与中心城、上海市域和长江三角洲的快速交通联系。虹桥综合交通枢纽工程效果图如图4-8所示。

图4-8　虹桥综合交通枢纽工程

2)广州铁路新客运站

广州铁路新客站选址番禺区钟村镇石壁村附近，是铁道部规划的全国四大铁路客运中心之一。未来新客站将建设成为珠三角轨道交通网络中心，主要承担武广客运专线、广珠城际铁路及广深城际铁路始发终到旅客列车作业。将通过铁路干线客运专线、城际轨道、地下铁路、公路等运输方式紧密衔接，从而实现珠江三角洲各种交通工具零距离或短距离换乘。根据有关方面预测，新客运站客流规模到2020年可达8014万人次，其中城际客运量为5484万人次。该枢纽站区位如图4-9所示。

新客站将成为广州地区最大的汽车客运站，里面分

别设有营运中心大楼、司机集体宿舍、车辆维修车间，以及站前广场、公共汽车接驳总站以及营运车场等。近期内新客运站将主要通过地铁换乘。新客运站将包括火车站站场、列车动车段、城际列车编组站等，共设到发线 20 条，站台 10 座，同步考虑广珠、广深城际铁路的引入，并预留广州—佛山—肇庆城际铁路的引入条件。

3）武汉阳春湖铁路客运站

武汉阳春湖客运站是国家快速铁路网中京广客运专线上的控制性工程，将承担京广客运专线列车、沪汉蓉快速通道部分列车及郑州至九江方向普通客车的运营。该站毗邻三环线，左侧依武青四干道，右侧邻沙湖大道、中北路，地下 6 米处接通拟定中的武汉轨道交通 4 号、5 号线；周围设置长途汽车、公共汽车、出租车等客运服务设施。乘客下火车后，不用出站就可转乘地铁、长途汽车或公交车。站内设 11 座站台、4 条正线和 16 条到发线。

车站从上至下，分高架层、站台层、地面层 3 个层面。高架层高出地面 18m，是客运专线旅客的入口层，设有进站厅、服务区、候车厅。站房内围绕 30 多米高的中央大厅，依次设置绿色通道、候车大厅和餐饮及商业服务空间，如图 4-10 所示。站台层高出地面 10. 25m，位于地面层和高架层之间，其东西两侧设有售票厅、贵宾候车室，同时它又与两侧的广场用斜坡相连，巧妙地化解了两者的落差，旅客可轻松通过斜坡抵达站台层。在站台层之下，是快速进站通道和贵宾专用通道层，地铁人流和地面人流可快速进站。旅客从此层面通过扶梯到达专线车场的各个站台。与广场齐平的是地面层，是旅客到达厅及去往城市交通与区域交通的换乘区。地面层下方6m处是地铁站台，是铁路客流和地铁人流的换乘点。

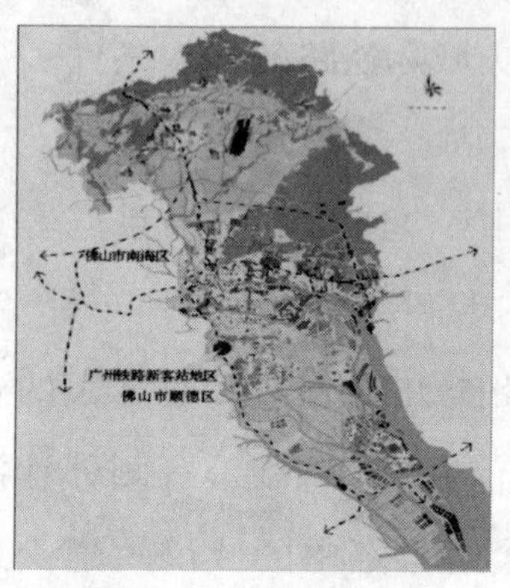

图4-9　广州铁路新客运站区位图

图4-10　武汉阳春湖客运站换乘大厅

4）重庆龙头寺火车站综合客运枢纽

重庆龙头寺火车站综合客运枢纽为重庆枢纽主要客运站之一，办理襄渝线、渝怀线、遂渝线始发终到客车的到发作业及通过客车的中转作业。客运站前广场及周围区域主要布置火车站的配套交通基础设施，内容包括长途汽车站、城市公交车站、社会车停车场、出租车停车场、旅游客运中心、绿化用地和其他城市用地，形成以铁路站房为中心的城市综合客运枢纽。龙头寺综合客运枢纽初步规划为上、中、下三层换乘，与火车站台对接的轻轨站台位于中间层，轻轨3 号线建成后，市民将下了轻轨就能上火车；位于轻轨与火车站台之上的是公交、出租车换乘站，不能通过轻轨到达的乘客可以乘坐

出租车、公交车到站；最下面一层为长途汽车站，初步规划为现菜园坝重庆汽车站搬迁后的所在地。其内部结构如图 4-11 所示。

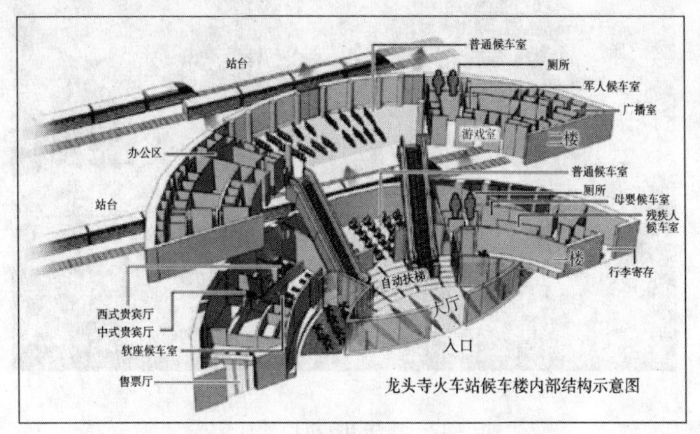

图 4-11　龙头寺火车站候车楼内部结构

5）首都国际机场三期工程

目前正在进行的首都机场扩建工程是首都机场历史上的第三次大规模扩建，工程总投资约 250 亿元，是北京市有史以来最大的单体建设工程。扩建工程场外交通由北京市同步配套投资建设，包括 3 条高速公路（第二机场高速路、李天高速路、机场北线高速路）和 1 条轨道交通线路（机场轨道交通）。在扩建完成之后的首都国际机场，将是这样的场景：依靠 EHS 行李高速传输系统，旅客在乘机抵达首都机场后，8 ~ 10min 内，行李即能送达通过航站楼内的快速捷运系统，旅客将非常方便地来到二号航站楼前的交通中心，或选择机场巴士、出租车、自驾车经机场高速路到达市区，或乘坐轻轨列车，20min 后到东直门交通枢纽进行换乘，首都机场

平面布局如图4-12所示。

图4-12　首都国际机场平面布局

北京首都国际机场选择了新建交通中心以解决机场外部交通问题。首都机场扩建工程在二号航站楼前建设交通中心，地下两层为停车场，设停车位7000个，地下则是轨道交通车站，旅客乘坐轻轨列车，可以方便地往来于机场与东直门之间。旅客可以经城市交通系统至铁路、公路客运枢纽，转赴区域内各地。此外新建3条高速公路，加上原有的机场高速路，为车辆进出首都机场提供了多种选择。

6）浦东国际机场二期工程

根据目前浦东国际机场二期工程设计，浦东国际机场将以轨道交通、磁浮为主轴线，周围是环形的进出通道，内设轨道交通、机场巴士、长途汽车、旅游巴士、出租车等各种交通工具的车站和可停靠约6000辆车的公共停车场，旅客能方便地实现轨道交通、公交、出租车等多

种交通工具的"零换乘"。设计者巧妙地将通常安排在底楼的到达层放在了6m层。通过6m层三横三纵的步行廊道和它上部、下部出发到达层车道，构筑起立体交通体系，其整体外观如图4-13所示。

图4-13 浦东国际机场外观

未来的浦东国际机场还将至少有两条轨道交通线（其中2号线有望延伸进入）直通机场腹地，客车则将有4条道路可经由迎宾大道进入机场。出租车和酒店巴士分别布置在航站楼车道边两端和中间，社会车辆将集中停在停车库内；轨道交通站的位置在两座航站楼的中部。

浦东机场在第一、第二航站楼之间设计了一体化的交通转运中心，将两航站楼有机地连成一体。设置了轨道交通、磁浮、机场巴士、长途汽车、出租车等多种接驳交通，到达乘客可以从6m层通过电梯或自动步梯到达，然后根据需要选择适合的运输工具进入市区。如果选择磁浮列车，甚至可以通过沪杭磁浮铁路到达杭州。

7）广州白云国际机场二期工程

2006 年 1 月评审的《广州白云国际机场交通组织设计及路网衔接规划研究》，综合考虑了白云国际机场功能定位、交通区位特征、交通设施布局，对机场内部的运输组织进行了优化，将在二期工程中进一步实现新机场客运与公路客运、轨道交通、机场快线、出租车、社会小型车的便捷换乘。

广州新白云国际机场虽然没有设计单独的交通中心，但是其在主航站楼地下层预留了地铁车站，同时对路面交通也进行了专门的规划。随着地铁三号线的建成，机场客运换乘体系将有 6 种不同方式满足乘客需要。这 6 种方式分别为轨道、机场快线、城际客运、区域公交、出租车、小型客车。机场每日交通衔接需求量达到 75965 人次，大约 35% 的乘客由地铁疏运，新白云机场换乘大厅如图 4-14 所示。目前，广州白云国际机场西面分别有京广铁路、107 国道和 106 国道，东侧紧邻 105 国道，新机场高速公路作为广州市北部的交通大动脉，可连通京珠、广深等高速公路，其平面布局如图 4-15。 2010 年，机场将构筑以机场为核心的双环、五纵四横的高等级路网构架。

图 4-14　新白云机场换乘大厅

图 4-15　新白云机场平面图

总结以上我国综合客运枢纽的发展现状及趋势，在这些综合客运枢纽的规划建设过程中，体现了客运零距离换乘衔接理念，一个突出的特点体现在：城市轨道交通的发展为这些综合客运枢纽提供了良好的支撑，轨道交通的引入提高了综合客运枢纽的集约化发展程度。

4.2.2.3 国内综合客运枢纽经验总结与发展趋势分析

总体而言，国内综合客运枢纽的建设、运营与管理呈多元化、一体化、人性化趋势。多元化是形势需求决定的，一体化是多元化的整合，而系统化则是多元化、一体化，以及环保、可持续等设计理念的集中体现。

1）多元化

对于综合客运枢纽而言，多元化主要体现在建设与运营主体多元化、运输方式多元化。这与目前的需求形势与发展趋势是对应的。运输需求的多样性决定了枢纽内运输方式的多元化发展趋势。对于综合客运枢纽这种大规模工程，其建设与运营管理也越来越趋向于多元化。如上海客运南站采用 bt 模式，即“建设—移交”模式，将建设、运营分别交给相应的资质雄厚的公司，打破了大型客运站场由政府出资的惯例。

2）一体化

一体化主要体现为空间组合立体化、功能的复合化、运营管理无缝衔接。在空间组合方面，由于土地资源日益紧张，枢纽站作为城市中高密集地段已经很难在地面层层展开，立体组合模式成为综合客运枢纽发展的趋势。在功能上，传统的单元联结模式也越来越被多种

功能的复合结构所代替，比如各航空综合枢纽基本上采用捷运系统或交通转运中心，以此为接驳手段将各种功能连成一体，形成复合结构。在运营方面，目前各综合枢纽致力于两种或两种以上运输方式之间的接驳，在运营调度方面，也力求在目前政出多门的背景下寻求合理调度各种运输方式的途径，比如成立协调性的综合管理机构，从而实现各种运输方式的无缝衔接。

3）人性化

人性化在综合客运枢纽建设与运营管理中，是多元化、一体化，以及环保、可持续等设计理念的集中体现。除前述多元化、一体化趋势之外，当前的综合客运枢纽设计思想趋于从人、建筑与环境、自然的统一关系考虑，引入“绿色设计”理念，以活跃气氛，缓解旅客疲劳与旅途的乏味情绪。

4.2.3 国内公路客运枢纽发展及运营

在公路主枢纽建设中，各主枢纽城市对公路客运换乘衔接进行了有益尝试，目前在北京、上海等一些大城市规划、建设了相对成功的公路客运换乘枢纽，如北京六里桥客运站、上海长途汽车客运总站、上海长途客运南站、深圳福田综合客运站等。在本研究过程中，课题组对我国典型公路客运换乘枢纽进行了专项调研，主要情况介绍如下：

1）北京六里桥长途客运主枢纽

六里桥综合客运枢纽为北京市八大交通枢纽之一，位于京石高速公路北京起点、西三环六里桥西南侧，是

全国45个主枢纽城市规划的一级客运枢纽，是目前唯一以外埠公路长途客运与市区公交衔接换乘为主的综合客运枢纽，枢纽集公交、长途、出租、地铁为一体，是国家级省际客运枢纽之一，外景见图4-16。

图4-16　北京六里桥长途客运主枢纽

六里桥枢纽省际客运日发班能力1500班次，设有发车站台45个，高峰日备用站台68个，规划14条公交线路通往市域各个方向，设计综合客运日登降量为27.53万人次，其中省际长途为5.88万人次/日。分别设有地铁功能区、公交功能区、长途功能区、出租车功能区、停车功能区、旅游车功能区，实现了目前国内最为便捷的换乘硬件设施。

枢纽通过分层设置的省际、公交、出租、地铁换乘平台，实现在同一建筑内的快捷换乘，并较好地实现了枢纽内人车分流、车车分流、人人分流的有序交通流线，同时采用国家标准化导向系统设计，保证旅客和车辆在站内的有序流动。枢纽还将通过高新科学技术的应用，发展建设枢纽的五大系统，即：枢纽辐射客运班线网络系统建设；枢纽智能运输科技服务系统网络建设；客运综合服务系统网络建设;小件物品快运服务系统网络建设;旅客集散运输系统网络建设。

该站的突出特点主要体现在三个方面:一是运输方式的分层布置,地上一层主要为长途客车到发区、候车大厅和出租车站台,地下一层为社会车辆停车库、公交换乘区,地下二层则为地铁通廊,直接与规划中的地铁九号线六里桥站相连;二是旅客不用出楼即可实现各种运输工具的立体换乘,且平均换乘距离不超过 60m,平均换乘时间不超过 10min;三是运营组织无缝衔接,该站投入运营后,站内公交、出租车、社会车辆停放均由客运站统一管理,改变了以前各自组织运营的模式。

2)上海长途汽车客运总站

(1)上海长途汽车总站基本情况:

可发送上海三分之一以上省际公路客流的上海长途汽车客运总站 2005 年正式启用。上海由此改变长途汽车客运站“乱、散、小、多”的局面,逐步告别长途客运中“旅客找不到车、车找不到旅客”的状况。目前总站内的候车大厅达 3600m^2,停车场面积超过 3 万 m^2,设置 24 个售票窗口,24 个检票口。日均可发长途汽车 1500 个班次,每天可输送旅客近 3 万人次,年发送量超过 800 万人次,其整体外观如图 4-17 所示。

(2)客运换乘衔接状况:

上海长途汽车客运总站完全按航空港标准设计建造,客运站和火车、地铁、轻轨、地面交通按照规划将实现“零换乘”,在其地下和地面二层预留了 4 个接口铁

路、地铁、轻轨和公交的通道。届时乘客通过2楼长廊和地下通道就可以轻松实现换乘。

优越的地理位置是长途客运总站的优势之一，但是要真正实现铁路、公路、公交、轨道交通等运输方式的“零换乘”，还尚需时日。上海长途汽车总站投资主体——上海芷新（集团）有限公司表示预计要到2010年左右才能真正实现“零换乘”。按照规划设计，客运总站的地面二层将通过天桥直接和火车站的候车室相连，而客运总站的地下一层也能够用地下通道与轨道交通相连，从而打通空中和地下两条通道。但这些工程都还需要结合整个地区的综合改造来考虑、规划、建设。

3）上海长途客运南站

（1）上海长途客运南站总体情况：

上海长途客运南站，位于上海的南大门，上海铁路南站南广场，地铁1号线、轻轨明珠线在此交汇，周围公交线网完善，便于旅客中转、集散、换乘。作为上海市规划的“三主七辅”客运站中的一个主站，上海长途客运南站于2005年12月开始启用。上海发往南方诸省80%的客车都将从这里发车，形成了公路、铁路、轨道、公交、出租车“五脉相通”的综合交通枢纽。

该枢纽站总投资为2亿元。日发班次达800班，日吞吐量可达2万人次，站内商务、银行、餐饮、娱乐、便利店、休息室等一应俱全，舒适性、便捷性堪比空港，其整体外观如图4-18所示。除了外观漂亮、发车密度高，上海长途客运南站运用了现代化的综合信息系统，客运站大楼实现智能化的“五网相连”，即售票网、物流网、车流网、互连网、OA 网（客运站与上海市城交局相连的办公网）。大楼及运行管理由 17 个相互联网的子系统构成，从车辆安检、清洗、消毒，到旅客售票、检票、上车、发车全部应用“一卡通”的管理系统。

图 4-17　上海长途汽车总站外景

图 4-18　上海长途客运南站外景

（2）客运换乘衔接状况：

上海长途客运南站在规划过程中，目标确定与轨道交通 1 号线和 3 号线、周边出租和公交客运，以及未来铁路南站实现真正意义上的“零换乘”。

目前在长途客运南站的售票大厅设有一个与轨道交通转换的通道与地下一层的换乘大厅相连接。在地下一层的换乘大厅内，包括轨道交通、公交等换乘方式均具有完善的导向标志、标示。根据规划，由换乘大厅步行至轨道交通 3 号线进行换乘所花时间在 3 ~ 5min，至 1 号线所花时间在 5 ~ 7min。铁路南站正式投入使用后，铁路、客运之间的换乘步程将缩短在 4min 左右。与位于地面的市内公交、郊区汽车、出租车等，其换乘时间也都在 8min 以内。

4)东莞汽车总站

东莞市汽车总站位于万江曲海四环路与万江大道交叉口南侧,总用地面积20公顷,设计长途站房建筑面积12000m²,长途发车位40个,公交站房建筑面积4000m²,公交发车位25个,绿地面积66500m²,估算总投资1.5亿元,其外景如图4-19。该站为一级汽车客运站,规划成为东莞市对外客运主枢纽,主要承担东莞市往外地方向的对外长途客运,设计规模为日发送旅客5万人,服务于整个东莞中心城区。

东莞市汽车总站与城市交通的换乘衔接主要采取常规的平面换乘模式,站前广场开辟了出租车、社会车辆专用换乘区,如图4-20所示。目前已形成了长途客运、镇区短途客运、城市公交、出租车及社会车辆于一体的客运换乘枢纽,同时结合东莞市城市轨道交通规划,近期R1线麻涌至常平线将经过汽车总站,并结合汽车总站设置综合客运换乘枢纽。

图4-19 东莞总站外景

图4-20 东莞汽车总站公交衔接区

5)深圳福田综合交通枢纽中心

深圳福田综合交通枢纽换乘中心是市政府在“十五”期间开工建设的大型公共交通基础设施项目,该枢纽集城市公共交通、地下轨道交通、长途客运、出租小汽车及社会车辆于一体，为现代化无缝接驳的立体式交通枢纽。该项目占地面积7.86万m^2，建筑面积13.7万m^2，估算总投资7.048亿元，计划2006年底竣工，2007年投入使用。

作为城市公交、地铁和省际公路客运、出租车于一体的换乘中心，福田综合交通枢纽对城市运输整体效能的发挥具有重大的意义。福田交通枢纽位于地铁1号线竹子林站南侧、福田汽车站西侧，紧靠地铁出入口，东接广深高速福田收费站进出口，南连滨海大道。整个枢纽中，长途大巴的使用面积有5万m^2，公交使用面积2.9万m^2，出租车使用面积2310m^2，公共空间5000m^2，配套办公及生活使用面积3000m^2。此外，还有2.7万m^2的地下车库。该项目是一个名副其实的"车港"，建成后将有地铁、长途大巴、市内公交、出租车和社会车辆在此汇集，供市民换乘。

深圳市福田综合交通枢纽换乘中心效果及换乘中心平面见图4-21。

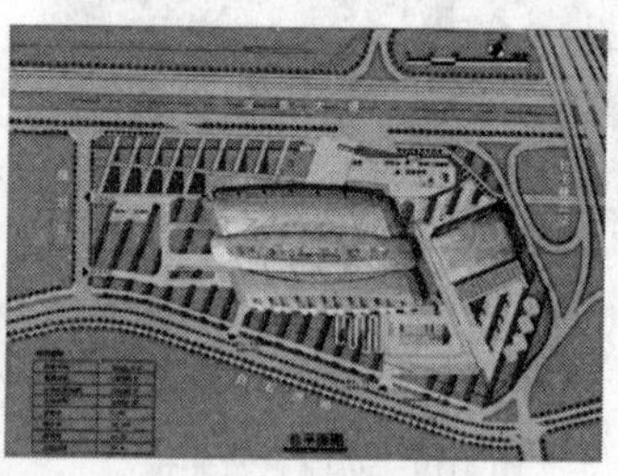

图4-21 福田换乘中心效果图

福田综合交通枢纽具有中转与换乘功能、多式联运功能、旅游交通功能、口岸旅客集散功能、零担货运服务功能及"车港"功能。建成后，它将凭借高效率、大容

量、无缝接驳、以人为本等优势和特点，成为省内、省际的长途客运和罗湖、皇岗两大口岸过境旅客疏运的综合枢纽，可使城市交通布局更加合理，并有效缓解路面交通压力。建成后的福田交通换乘中心，将是深圳第一个具备车港功能的综合交通枢纽中心。换乘中心将以高效率、大容量、无缝接驳为特点，成为代表深圳国际化水平的综合交通枢纽中心。它的建设是构建深圳和谐交通、效益交通，完善城市功能的重要举措。

6）宁波市汽车客运中心站

宁波市汽车客运中心站位于宁波老市区范围内，其功能是以到、发、中转宁波市的中长途旅客运输为主。该站地处杭甬高速公路和甬临线的交汇处，城市外环线附近。随着甬临线改造完成和杭甬高速公路的贯通，以及城市外环线的建成，该站具有十分优越的进出通道条件，设计能力为日发旅客 3.1 万人次，实际占地 160 亩。客运中心近期主要承担到发宁波市和鄞县的长途旅客运输，替代现有南站的大部分长途旅客发送功能；中期和远期将主要承担杭州、南京、合肥等向西方向的以及金华等西南方向的长途旅客运输，客运中心站外景如图4-22。

宁波市客运中心站作为一个全新的公路枢纽站，其站内换乘设施建设、信息服务建设以及站内布局基本体现了环保、人性、信息、服务的全新理念，基础设施的配套建设也为诚信、绿色、智能、商贸的建站目标奠定了坚实基础，同时出租车换乘管理也体现了以人为本的思想，站前设点停靠、出口排队等候，方便了乘客的换乘。但作为交

通系统中的客运枢纽，汽车客运中心存在以下几个问题：

（1）缺乏与枢纽站运能匹配的常规公交车站，在相当长的一段时间内，出租车和地面常规公交将作为客运中心的主要接驳交通而存在，但目前常规公交采取路边停车的形式，缺乏一定规模的公交首末停车站，而且公交停靠点与客运中心的进站口距离较长，公交换乘见图4-23。

图4-22　宁波市段塘客运中心站

图4-23　客运中心公交、出租车换乘点

（2）公交线路也有待于增加，需要加强客运中心与宁波市区及其他交通枢纽站点的联系。目前仅有开往汽车东站方向的604路、开往汽车南站方向的501路以及开往鄞州教育园区的367路三条公交线路。

（3）枢纽站接驳方式单一，出租车与常规公交是其主要接驳方式，目前基本上还能适应客流顺利集散的要求。但随着宁波经济的发展，这种适应性将日显脆弱，作为宁波市主要的中长途客运枢纽站，有必要结合轨道交通规划引入大运量快运交通，加强客流集散能力。

7）湛江市海田公路公交枢纽站

在湛江市加快城市公交管理体制，改革公交经营模式、改造残旧车辆，改善公交服务质量，加强公交企业管理的“四改一加强”的步伐中，湛江汽车运输集团有限公司在2005 年以“承债式”模式对湛江市公交公司进行了整体兼并。即通过整体承接公交公司的财、物及全面承接债权债务与整体承接公交公司的正式职工的模式进行了兼并。兼并后在客运站场资源的整合方面发挥了重要作用。湛江市海田公路公交枢纽站就是兼并后由汽车运输集团有限公司改建的第一个综合枢纽站。

海田公路公交枢纽站由原海田中心客运站和原相邻的海田公交站共同改造组成，整个枢纽占地 120 亩。在改建过程中首先对公交地块进行了填土硬化，再新建与海田中心客运站建筑风格吻合的公交候车站房，实现了公路旅客与公交乘客的“零距离换乘衔接”，在方便乘客换乘衔接的同时，也解决了公交调度、司乘人员休息、车辆停放等问题。该站已成为湛江规模较大、功能齐全的东出口综合枢纽站。海田公路公交枢纽站交通组织见图 4-24。

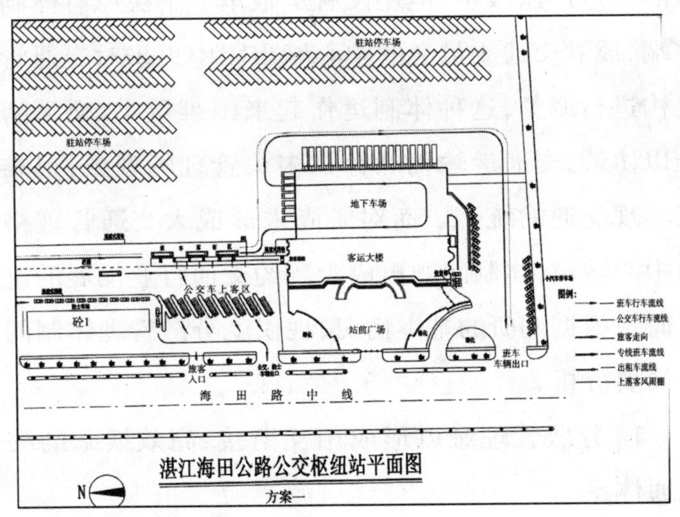

图 4-24　海田公路公交枢纽平面图

4.3 国内公路客运枢纽发展存在的问题

总体上，我国在综合客运换乘衔接建设方面已迈出第一步，从交通管理、客运换乘的规划组织以及换乘枢纽运营等方面进行了可喜尝试，取得了一定的成就。但整体上，我国客运换乘衔接建设还是相对滞后，尤其是中西部省份的综合客运换乘系统发展的理念相对薄弱，各自为政的规划模式必然给未来客运系统的整合发展带来障碍。就公路客运换乘枢纽的发展而言，总体上还存在以下几方面的问题。

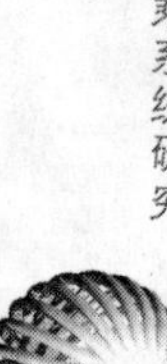

4.3.1 交通管理体制相对分散

我国交通管理体制基本上是计划经济体制下行业分割和部门分割、职能交叉重叠式的管理模式的延续，虽然经过历次改革，但还没有从根本上解决原有体制的弊端，成立交通委员会的中心城市因中央未对交通管理机构进行调整，这种体制运作起来困难重重，交叉问题难以协调，交通运输仍然存在多头管理的现象，很难真正实现交通的统一。而对于尚未形成大交通管理格局的中心城市，体制问题更成为制约交通行业发展的重要障碍。根据调研的基本情况，现仅就分散管理体制问题作简要分析。

1）分散管理难以形成相互衔接、高效换乘的综合交通体系

交通管理机构从分散走向集中，建立综合交通运输

管理体制是国外交通运输管理的一个重要特征，正是这种统一管理的体制下，发达国家客运一体化发展水平、换乘衔接配合程度才得以提高，立体换乘、“零距离换乘”在国外才得以广泛实现。国外的经验说明，要想实现运输方式间高效换乘、提高综合客运体系的运行效率，形成相互补充、有机协调的综合客运系统，集中管理是其必要条件。分散管理难以形成相互衔接、高效换乘的综合客运体系。

2）管理交叉，阻碍了运输生产力的发展和有序运输市场的形成

我国交通实行分散管理的模式已沿袭多年，为城市及交通事业的发展做出了历史贡献。但是随着市场经济体制的逐步建立和发展，这种管理体制所赖以存在的经济、社会基础已不复存在，从而在一定程度上已成为影响和制约经济社会和运输生产力发展的体制性障碍。

在实行交叉管理模式的中心城市中，不同的运输方式分属不同的行政管理部门，主要有交通、城建、市政、公安等部门，在管理体制上呈现条块分割状态。管理的不统一导致了诸如城市公共汽车交通与长途客运交通的接驳、城市出入口道路与公路的衔接、出租车的管理、停车场的管理、小汽车和自行车交通的发展、技术标准和规划设计的协调一致、投资一体化问题、客运市场的规范、引导与培育等问题的产生和存在。据统计，在我国三分之一的中心城市中，交通与城建主管部门对城市道路客运交通实施交叉管理。由于道路运输的通达性、

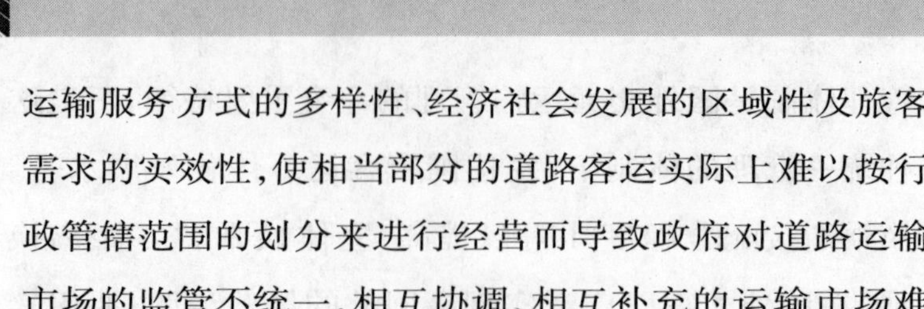

运输服务方式的多样性、经济社会发展的区域性及旅客需求的实效性，使相当部分的道路客运实际上难以按行政管辖范围的划分来进行经营而导致政府对道路运输市场的监管不统一，相互协调、相互补充的运输市场难以形成。

3）管理分散，综合交通相互衔接水平低，制约城市经济社会的发展

现代经济、社会的发展客观上要求实现各种运输方式的有效衔接，建立畅通、安全、便捷的综合运输体系，以适应"一体化客运发展"的需要。而目前我国交通运输按运输方式或业务性质分部门管理的现状，显然难以满足上述新形势的要求。

由于实行分散管理，不仅使交通运输的规模经济效应难以实现，联合运输难以组织，而且运力投放盲目，无序竞争严重，难以形成综合运输效益。此外，各自为政还导致了社会资源、交通资源的严重浪费，制约了城市经济社会的发展。

4.3.2 客运站建设标准不能适应新的发展需求

客运"零距离换乘"是经济社会发展到一定阶段的产物，经济社会发展水平较低时，人们对出行的要求相对较低，对实现出行过程的质量往往关注程度不高；而当综合客运交通系统发展到一定阶段，旅客对出行的舒适性、便捷性要求相应提高，同时经济社会的发展对交通出行效率的提高也提出了要求，这样运输方式间的"零换乘"成为新的发展要求，目前客运站的建设标准

规范《汽车客运站级别划分和建设要求》(JT/T200-2004)、《汽车客运站建筑设计规范(JGT60-99)》,对客运枢纽换乘衔接的基础设施建设缺乏相应的指导与规范,综合客运枢纽内基础设施的配套、运输方式间的搭乘转换建设没有依据,缺乏综合客运枢纽共性技术标准规范体系,原客运站建设标准规范已不能适应现代换乘枢纽的建设要求。

4.3.3 公用换乘设施建设责任主体不明确

综合公路客运换乘枢纽建设涉及多种运输方式,换乘枢纽建设责任主体的确定是综合客运高效换乘的基础条件。目前普遍存在这样的问题,当客运走向集约化时,换乘枢纽的建设责任主体往往不明确,特别是运输方式间换乘衔接基础设施建设与维护,到底以怎样的模式进行建设、投资、经营很不明确,目前主要存在以下几方面的分歧:

(1)综合客运换乘枢纽是属于公益设施,应完全由政府投资建设。

(2)综合客运换乘枢纽建设应以政府投资为主,带有经营性的设施建设与维护以经营者为主或者完全利用社会资金,按照谁投资谁经营谁受益的原则进行。

(3)综合客运换乘枢纽应以企业投资为主,政府给予换乘衔接部分等公用设施的建设补贴,其他设施由经营者出资建设和维护。

建设责任主体的不明确已成为制约综合客运换乘枢纽发展的突出问题。

4.3.4 未能及时纳入城市总体规划

综合客运换乘枢纽应纳入城市总体规划，由部门行为转变为政府行为。公路运输枢纽规划建设是一个系统工程，要与各种运输方式相衔接，与城市交通相配合，需要协调各有关部门才能较快地推进规划的实施进度，特别是要取得城市规划部门、土地管理部门的支持。因此，公路运输枢纽规划要由部门行为转化为政府行为，将公路运输枢纽规划纳入城市总体规划。而当前对客运枢纽特别是公路长途客运站规划在城市总体规划中的规划地位没有得到保障。

4.3.5 一体化客运换乘衔接理念未能普及

客运"零距离"换乘要求是综合客运系统发展到一定阶段的必然产物，也是旅客追求出行舒适性、便捷性的必然要求。这种趋势要求在进行客运枢纽的宏观布局、微观交通组织与管理中运用现代客运换乘理念，从规划、建设、运营不同方面考虑客运交通方式间的搭乘转换模式。以城市对外交通与城市内部交通换乘衔接为例，通常普通客运换乘衔接的组织方式为：对外干线客运站点——站前广场——城市交通。在这个联系过程中，铁路、公路及空中航线是这些运输方式的运输通道，而火车站、长途汽车客运站、航空港则是这些通道的衔接点，城市交通则扮演为干线运输提供旅客集散的角色，为实现城市内外客流的顺利转换，必须对换乘枢纽的空间设计与运行调度进行合理地衔接组织，而当客流转换规模较大、聚集的运输方式较多时，这种普通的平面转换模式就不一定能适应未来的发展要求，必然要求集多种运输方式于一体的立体换乘模式，而发展到立体换乘阶段更需要对换乘的因素进行多方面的考虑，包括构造物的建设、运营、组织与管理等。客运换乘衔接问题需要贯彻以下理念：

(1)一体化客运的换乘衔接是发展综合客运系统的必然要求。

(2)客运换乘衔接研究涉及到行业、体制、法规、技术、标准、投资、营运、管理等内容，换乘枢纽内不同运输方式不是简单的排列和叠加，换乘的本身要求在有限的场地内部解决各种运输工具的流线组织，以及与外部运输系统、周边道路系统的衔接问题，更要求改善整个地区的交通环境问题，因此客运换乘衔接系统建设是一个系统工程。

(3)综合客运换乘涉及到不同的运输方式，在目前的体制下，各级政府必须在综合客运换乘枢纽的规划建设中起主导作用，交通相关部门的配合、协调成为综合客运换乘枢纽高效运行的基础。

5 一体化公路客运换乘系统发展条件与目标

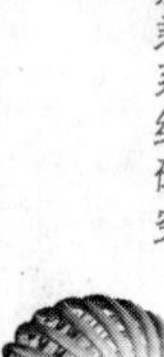

5.1 一体化公路客运换乘系统发展条件

5.1.1 经济社会发展水平

交通发展源于人们的出行需求，因此必须围绕人的出行需求，通过不断发展来满足人的需要和追求，这是交通发展的最终目的。由于人的出行需要和追求永无止境，而人的出行需求又由经济社会的发展水平所决定的，这种关系决定了交通总是在发展中不断适应，也即由不适应发展到适应，再由新的不适应发展到新的适应，由此周而往复地力求满足经济社会的进步要求。

1）各发展阶段的需求差异导致其发展目标的不同

从世界交通发展史看，在前工业化时期，人们对交通的需求仅仅是能满足简单的物质交换需要；在工业化时期，经济高速发展要求提供高速、长距离运输服务；而在后工业化时期，人们在安全、智能、环保等方面对交通发展提出了更新、更高的要求。交通需求的阶段性，决定了交通发展目标的阶段性，发展阶段不同，发展目标和重点不同。

2)各区域经济发展水平的差异导致其发展目标的不同。

从区域交通发展看,经济社会发展落后地区,人们对交通出行的迫切需求首先是“可达、安全”;而经济社会发达地区,人们对交通出行的需求逐步转变为“安全、快速和便捷”。此外,由于各区域的资源、资金、技术、人才的禀赋条件不同,处于同一发展阶段的不同区域,运输供给方式和供给水平也不尽相同。因而,交通发展具有明显区域性特点。交通需求的区域性,决定了区域的交通发展目标的最终取向。

当前我国的经济社会发展取得了巨大成就,城市化进程与城市化率不断提高,特别是我国中心城市经济社会发展的总体水平和发展阶段客观上改变了人们的交通出行需求,安全、便捷与快速成为需要。城市经济的高速发展与城市化进程日益加快已成为一体化客运迅速发展的基础。

研究表明在众多推动城市机动化的因素中,国民经济的增长是其主要的发展因素,具体表现在机动化的增长水平同人均国民生产总值呈正相关关系,城市经济的持续快速增长将不断刺激运输系统的建设与完善,并为其提供发展所需的资金与技术支持。同时,交通运输系统的发展与完善为经济的持续增长提供了保障,这种保障是互动的:一方面,交通基础设施建设与交通管理的不断发展是城市实现经济功能的核心载体,先进的交通运输体系促进并保障了经济的良性发展;另一方面,在

城市经济发展的过程中，保证交通运输系统建设和发展的投入力度对扩大内需以拉动国民经济持续稳定发展起到非常重要的作用。现代化的城市一般有发达的经济，而高度发达的国民经济产生更大的交通需求，这种需求对交通系统产生了重大的影响。

影响交通系统的另一个因素是城市化步伐加快，城市化是人类社会发展与进步的必经之路，在一些发达国家，城市化水平已经达到70% ~80%，城市化的大发展对城市交通提出了更高的要求。我国是一个人口众多的国家，随着生产力的解放、经济的快速发展、我国户籍制度的放宽，农村的剩余劳动力纷纷涌入大城市，导致城市人口大量的增加。我国城市化水平不断提高，这种趋势在相当长的一段时间将发展下去，中国城市化进程如图 5-1 所示：

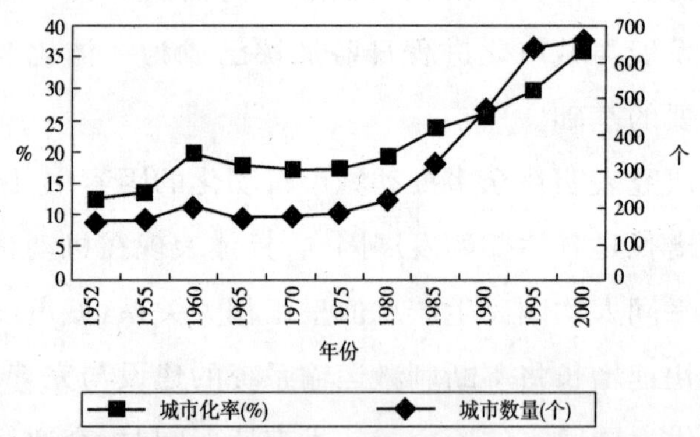

图 5-1　中国城市化进程

城市化水平的提高从不同的角度改变着城市，城市数量增多，大城市、特大城市涌现，城市人口暴涨，城市用地规模将不断扩张，所有这些城市特征的变化都将从

不同的角度不同程度的影响城市综合交通体系的发展。具体的影响表现在以下几个方面：

（1）大城市人口随着城市化的进程而迅猛增加。

随着城市化进程的加快，城市与乡村、城市与城市之间的交流逐步增多，城市中的流动不断加强。1950年美国的纽约、英国的伦敦人口已超过千万，1982年，全世界已有207座城市人口超过百万，到20世纪90年代墨西哥城已成为世界上人口最多的城市，其人口超过1700万。各色人口聚集城市，再加上人均出行次数的增加，出行量大幅度上涨。面对这样大的出行量，就要求在大城市交通系统中，各种运输方式能够互相协调、互相促进，以提高整个城市交通体系的运行效率。

（2）城市用地规模随着城市化加快而不断扩大。

城市化后，城市的聚集力增强，人口增多，工业、居住、休闲娱乐用地必须扩大，虽然向空中或地下发展不失为理想的选择，但地面的扩张在所难免。到20世纪80年代，世界上城市的用地规模扩张进程加快，英国伦敦市区面积达到1579.5km^2；法国巴黎市区面积达到12012km^2；美国纽约市区面积达到33483km^2；德国柏林市区面积883km^2。城市用地的不断扩张使得城市半径也不断加长，最长城市半径近100km，此外在单城市中心不断扩张的同时，城市群、大都市带也相继出现。城市用地规模的扩大导致城市居民出行距离日益增加，在这种情况下，城市交通只有提供相互衔接、相互协调的运输工具和运输网络，才能满足城市居民的出行要求。

交通是促进城镇化合理布局的重要基础。到2010年,我国的城镇化率将由目前的40%提高到53%左右,“十一五”期间每年将有2200万左右的农村人口进入城镇。随着城市数量的增加,城市结构也将发生相应变化:城市群和城镇带更加密集,长江三角洲、珠江三角洲和京津冀等区域已具备大都市圈的雏形;沿海其他地区及中部城市将从松散的点状变为密集的网状或带状结构,形成城市带;小城镇呈快速扩张趋势,人口聚集带动产业集聚,城市功能增强,城镇消费群体扩大,将引起大量人员、物资的交流,交通既要为城镇化进程提供可能,也要加快提供更大规模的供给,逐步适应城市间、城郊间、城乡间人流物流快速增加的需要。

总之,城市经济社会的快速发展、城市化进程加快与机动化水平迅速提高已为我国公路客运换乘系统的迅速发展奠定了重要的基础条件。

5.1.2 综合运输体系的完善程度

西方发达国家为保证综合运输体系的健康发展,自20世纪80年代以来出台了一系列运输系统一体化发展的法律法规。以美国为例,1991年美国国会批准的《地面联合运输效率法案》(简称ISTEA冰茶法案)明确强调并支持多式联运发展,并提出了一系列保障措施;2000年公布的《2000年至2005年交通战略计划》将“形成一个足以支撑美国经济发展的运输系统”作为重要战略目标之一。由于许多发达国家的交通基础设施与运输装备的总体规划与技术装备水平已能满足经济和社会发展的需要，自80年代开始，美国、日本、西欧各国的重点已转向提高基础设施与运输装备的总体水平，在客运、货运快速化的发展趋势中，一方面大力发展高速铁路，完善高速公路和专业化港口，广泛使用现代化的运输车辆和运输装备；另一方面在运输管理和运输组织中积极推进运输一体化，从机构设置、法律法规，到综合枢纽、装卸设施和运输工具技术更新，都为多式联运的运作提供了必要的保障。

回顾我国综合运输体系的建设，开始于20世纪60年代。由于这一时期我国铁路、公路、水路、民航等5种运输方式的装备水平、管理水平还较低，加上实行计划经济体制，交通运输的管理以及运输企业的经营机制难以适应综合运输体系发展的需要，尽管主观上有加快综合运输体系建设的愿望，但由于体制与机制的制约，不可能使综合运输体系建设取得很大进展，加之当时的综合运输体系理论和实践都缺乏经验，这一时期我国的综合运输体系建设进程缓慢。

进入20世纪80年代以后，我国的经济社会发展进入到一个崭新阶段，它为我国综合运输体系的建设带来新的契机。首先，较为系统的提出了综合运输体系建设的基本内容，从理论上明确了交通运输在国民经济和社会发展中的基础地位。实践上采取了交通先行的具体措施；其次，加快了铁路、公路、水路、民航等现代运输方式的建设速度，交通运输体系总体规模迅速扩大；再次，交通基础设施和技术装备的现代化水平明显提高。

目前，综合运输体系的基础设施网络系统框架已基本形成，综合运输大通道也已基本建成，系统的通达度明显提高，技术装备和运输能力都有较大改善，各种运输方式共同组成的快速客运系统、集装箱运输系统以及铁路、公路、水运、航空运输枢纽和站场等设施与装备都进入良性发展，智能交通技术的运用开始得到重视，客货多式联运的支持系统正在逐步形成，建立和完善综合运输系统的外部环境得到了明显改善。城市轨道交通、高速铁路的规划、航空枢纽的建设正如火如荼地展开。

5.1.2.1 轨道交通的发展

据统计，截至 2005 年 6 月，北京、上海、广州、深圳、武汉、天津、南京、重庆、长春、大连 10 个城市已建成轨道交通 420km。目前中国有包括成都、西安、沈阳、哈尔滨等 20 多个城市正在建设或规划建设地铁等轨道交通项目。

建设部有关文件规定，轨道交通线路近期高峰小时单向客流量达到 1 万人次时，可建设轻轨交通；当近期高峰小时单向客流量达到 4 万人次时，才可建设地铁系统。由以上城市的情况可以看到，修建轨道交通的城市都有一定的客运量需求。因此，根据我国城市情况分析，通常认为人口在 100 万 ~ 200 万人的大城市，高峰小时形成 2 万 ~ 3 万人次的客流现象较普遍，配备中等客运量的轻轨交通系统已能满足公交客运的要求。而人口在 200 万人以上的特大城市，高峰小时常形成 4 万人次以上的高强度客流现象，这就需要采用大运量的地

铁系统来承担。

根据对我国已运营、正在修建或规划修建轨道交通作为解决城市内部交通问题的城市分析，按照人口分类的标准基本属于超大城市和巨型城市。

5.1.2.2 高速铁路的建设

1964年，世界上第一条高速铁道——日本东海道新干线正式通车不久，航行于东京到名古屋间的飞机航班被迫停航。这是铁路首次战胜航空业的实例，同时也揭开了世界高速铁路建设高潮的序幕。接着，日本又修建了最高车速达230km/h的山阳新干线和最高车速达240km/h的东北新干线，时至今日，日本已有高速铁道1830km，成为世界高速铁道线路最长的国家。

高速铁道建设成功的经验，证明了高速铁道理当成为现代交通的骨干。尤其是在中远距离旅客运输方面，既安全，节能，少污染，又省时。目前，除了日本，法国、德国、意大利、英国、俄罗斯、瑞典等国都已建成或正在建造高速铁道，一度称为"汽车王国"的美国也开始重新评价铁路，筹划建设高速铁道。

高速铁路投资巨大、技术难度高，迫于这两方面的局限，我国高速铁路建设起步较晚，目前仅有广州至深圳间的"准高速铁路"，最高速度为160km/h。为满足我国快速增长的旅客运输需求，铁路网要进一步扩大规模，完善结构，快速扩充运输能力，迅速提高装备水平。在国家中长期铁路网规划中，规划建设客运专线1.2万km以上，客车速度目标值达到200km/h及以上，具体

建设内容如下：

1)“四纵”客运专线

(1)北京—上海客运专线，贯通京津至长江三角洲东部沿海经济发达地区；

(2)北京—武汉—广州—深圳客运专线，连接华北和华南地区；

(3)北京—沈阳—哈尔滨(大连)客运专线，连接东北和关内地区；

(4)杭州—宁波—福州—深圳客运专线，连接长江、珠江三角洲和东南沿海地区。

2)“四横”客运专线

(1)徐州—郑州—兰州客运专线，连接西北和华东地区；

(2)杭州—南昌—长沙客运专线，连接华中和华东地区；

(3)青岛—石家庄—太原客运专线，连接华北和华东地区；

(4)南京—武汉—重庆—成都客运专线，连接西南和华东地区。

3)三个城际客运系统

环渤海地区、长江三角洲地区、珠江三角洲地区城际客运系统，覆盖区域内主要城镇。

我国将构建的“四纵四横”高速铁路客运通道，建立省会城市及大中城市间的快速客运通道，主要的节点城市有：北京、上海、广州、武汉、郑州、石家庄、重庆、成

都、深圳等城市。高速铁路通过和连接的城市主要是大城市,包括国家和区域性经济中心、交通枢纽、重要对外贸易口岸。主要承担区域间、省际间以及大中城市间的快速客运,保障提供高效、便捷、安全、舒适的服务。按照人口规模的划分,这些城市都是特大城市、超大城市和巨型城市,有少数区位交通条件好的大城市。

5.1.2.3 航空枢纽的建设

按照国民经济和航空业发展的比例,国民经济增长1个百分点,航空业要增加1.5~2个百分点。作为航空枢纽的城市需要具备五大因素:成熟的航空网络、周边地区的经济情况、地理位置、基建建设,以及海关的效率。我国航空枢纽分为综合枢纽和地区枢纽。综合枢纽的机场应该具有空运位置优越、直航点多、航班密度大、中转效率高,在航运市场中起着集散中转的作用。

综合枢纽主要包括我国的三大门户机场——北京、上海和广州;地区枢纽主要包括:沈阳、西安、成都、昆明、武汉、乌鲁木齐和杭州。

从经济发展情况来看,我国的航空枢纽在行政职能上全部都是直辖市和省会城市,人口规模大,经济发达,城市建成区面积大。从区域来看,三大门户机场沿着我国的海岸线从北向南,在与国际航线的联系上基本达到从我国的上、中、下三个地点辐射全国;地区枢纽包括了我国的东北、西北、西南、中部和东部等地区,与三个门户机场在功能和布局上起到很好的衔接和补充作用。从交通基础设施来看,这些城市的对外交通系统都拥有

铁路、公路或者港口设施,使这些城市的客运立体化;城市内部的交通系统中这些城市基本都是拥有轨道交通,或者正在修建或规划建设轨道交通的城市。我国的三大门户枢纽机场都是人口超过1000万的巨型城市,地区枢纽都属于超大城市之列。

总之,综合运输体系从初步适应到完善的过程是“一体化客运换乘系统”出现、起步、发展到成熟的过程,在各种交通运输方式运能短缺情况下不会出现该系统,我国现在的综合运输体系总体上定位在初步适应,正是公路客运换乘系统的发展萌芽阶段。

5.1.3 交通管理体制改革趋势

建国以来,随着我国交通运输生产力的迅速发展及我国政治、经济政策和管理体制的变化,我国基本形成了具有鲜明时代特征和区域特点的中心城市交通行政管理体制模式。各中心城市的交通管理体制不尽一致,概括起来主要有以下三种:一是由交通、城建、市政等部门对交通运输实施交叉管理的体制;二是由交通部门对城市道路客货运输实施一体化管理的体制(含城市公共交通管理);三是实施“一城一交”综合大交通行政管理体制(表5-1)。

中心城市的交通发展已经呈现多样化、网络化、系统化、社会化发展趋势,各种运输方式既竞争、又联合;既分工、又协作;其运输过程和装备、技术构成等相互衔接的要求越来越高,迫切需要从综合交通体系研究,寻找规律、制定对策、加以调整,充分发挥各种运输方式最佳的

技术经济作用，提高效益。现代交通的发展，使各种运输方式之间相互依存，对合理分工、衔接配套、协调平衡的要求越来越高。客观上需要建立与之相适应的统一高效的交通管理体制来强化综合管理职能，设立统一管理的交通行政机构，实施对交通的统一规划、综合平衡，有利于充分发挥交通的整体效能，实现一体化客运的发展。

各种交通行政管理体制模式比较一览表 表5-1

类别＼模式	模式一	模式二	模式三
体制模式	由交通、城建、市政等部门对交通运输实施交叉管理	实行城市(乡)道路运输一体化管理	"一城一交"综合大交通行政管理
代表城市	南京、昆明、福州、南宁、杭州	沈阳、哈尔滨、乌鲁木齐、西宁	北京、广州、重庆、深圳、武汉
典型特征	交通局作为政府的组成部门，负责城市市区以外的公路、水路交通运输市场的行业管理； 市政公用局负责城市客运的管理； 城建部门负责城市道路的规划与建设	交通局除原行政管理职能外，还对城市辖区范围内的道路运输，包括城市公共交通和出租车实行集中统一管理。 其突出缺点是：缺少对民航、铁路、邮政部门的协调职能	组建交通委员会作为市政府组成部门，统一负责协调全市的公路、水路、铁路、航空和邮电等多种交通运输方式的行政管理，实现从规划、建设到运营的全方位管理新模式

注：来源《关于我国中心城市交通行政管理体制改革的调研报告》，中国致公党中央参政议政工作委员会。

以重庆、深圳、北京、武汉、上海等为代表的中心城市根据我国国情，以市场经济理论为指导，在实施“一城一交”交通行政管理体制改革方面都进行探索和实践。

重庆市:重庆市交通委员会作为主管全市城乡公共客运交通及公路、水路交通行政管理的政府组成部门，代表市政府对全市的交通运输业进行“领导、决策、规划、管理、服务、协调、仲裁”等宏观管理,除继续行使原市交通局的所有职能外,还承担原市公用局承担的城市公共客运交通管理职能(含出租汽车管理职能);市经委承担的民航、铁路、公路、水路各种运输方式协调职能;原市港口局承担的港政管理、码头管理职能;原市计委承担的交通战备工作职能以及地方民航、铁路管理职能。重庆市逐步形成和完善了以市交委为领导,以市公路局、市港航局、市运管局、市征稽局、市高速公路行政执法总队和市交通基本建设质量监督站为主线,以科学合理的条块关系为联系,部、市与区县(市)分级管理,集中统一的交通行政管理新模式。

深圳市:深圳市是我国较早提出并推行大交通管理体制的城市之一。在全国中心城市面临交通瓶颈制约问题之时,深圳却凭借其多年构建的大交通管理的体制优势,使交通运输真正成为推动社会经济实现跨越式发展的重要力量。在经济特区建立之初,深圳市委、市政府以“特区要发展、交通邮电先行”为指导思想,对交通基础设施建设实行政策性倾斜,随后提出并构建了“大

交通”管理体系,实现了对海、陆、空交通资源的科学规划、有效整合和合理利用,从而保证了交通运输事业的快速协调发展。近年来深圳交通邮电基础设施建设投资总额近300亿元,公路、港口、机场、铁路和城市交通均发生了翻天覆地的变化,作为经济发展的“先行官”,充分体现了大交通管理模式的优越性。

北京市:北京市新的交通行政管理体制从2003年初开始运作。北京市的这次机构改革,新组建的北京市交通委员会划入了原北京市出租车管理局、公用事业局的部分职能。北京市政府对新组建的北京市交通委员会的定位是:负责交通行政管理的政府组成部门(原是经济管理部门)。这次改革,对北京市交通委员会的职能除保留原有公路建设养护、收费和公路运政管理职责外,划入交通委员会的职责主要方面有:

(1)负责本市交通发展战略及交通行业改革与发展中重大问题的调查研究,并提出具体实施方案;

(2)参与本市城市总体规划、控制性详细规划中有关交通规划的研究,负责审核大型城建项目的交通影响评价方案,负责对市管道路建设项目规划设计方案中有关交通方面的内容进行审查;

(3)组织编制道路及其附属交通设施建设和交通运输行业的中、长期规划,研究提出城市道路的年度建设计划,组织编制交通专项资金的年度使用计划,负责道路建设工程项目的综合平衡和申报;

(4)组织协调有关部门研究拟定交通组织方案,协

调解决交通运行中的有关综合性问题,协调处理交通行业重大突发性事件,参与处理重大交通安全事故;

(5)组织指导本市智能交通系统的建设和交通行业的信息化建设等。

北京市改革后的交通行政管理体制具有四个特点:一是建立了道路交通一体化管理体制;二是政企分离,公交公司等大企业直属市政府;三是政事分开,执法和管理分开;四是对市内8区的交通行政管理采取统一垂直的管理体制。

武汉市:经过几次大的改革,目前武汉市基本形成了大交通的管理格局。市交委的主要职能是负责对武汉地区铁、水、公、空交通的综合协调服务,负责对全市公路和水陆交通(含城市公交、出租汽车)的组织领导和行业管理。具体主要职责有:组织制定全市交通行业的发展规划、发展计划并监督实施;负责全市交通行业统计、信息引导等工作;负责全市交通运输行业管理工作,负责城市公交、公路、水路、铁路、民航等各种运输方式的衔接协调;组织指挥重点物资和紧急客货运输;组织协调铁路专用线、货主专用码头等设施向社会开发、有偿使用;负责全市城市公交、公路和水路的交通基础设施建设及建设质量、建设市场的监督管理;负责交通基础设施建设专项资金的筹集、信贷和管理工作;负责全市公路、航道的养护和维护等。

以上中心城市交通委员会职责有所不同,但基本发展方向与目标都是按照“统一、精简、效能”的原则,建

立办事高效、运作协调的综合交通管理体制,可以较好地解决各种运输方式之间管理上的人为分割,缺乏统筹规划、资源浪费和效率低下等问题,同时可以有效地消除政出多门,发挥综合管理效能。推动各种运输方式的协调发展。发达国家和地区的发展经验证明,建立统一的交通管理体制,加快综合交通体系建设,是交通现代化发展的必然趋势。我国中心大城市交通委员会的成立与发展将逐步为公路客运换乘系统的发展奠定良好的体制协调平台。

5.1.4 科技进步的影响

只有科技进步到一定程度才有可能发展现代客运换乘系统。铁路、公路、水运、航空等现代交通装备的发展、综合客运换乘枢纽建设、交通流的协调组织、信息交流与共享以及高速公路的建设等都离不开现代科技的进步与发展。试想,在现代化的客运换乘枢纽转乘一辆老旧客车在三级公路上行驶到达目的地,即使换乘系统很先进也毫无意义。

在现代科技的推动下,交通发展理念变成了交通发展的现实。现代通信和计算机系统在交通运输业中的广泛应用,使得交通运输逐步走向信息化道路,不仅满足人们便捷的需要,也提高了运输系统总体运输效率。现代的交通客货流必须要有高水平的信息流与之配合,这不仅包括越来越复杂的运输指挥和调度系统,同时也包括交通流本身加快运动所需要的信息收集、传递和处理。因此,在后工业化阶段,综合运输系统逐步走向完

善，以准确而迅速的信息联系和处理信息的手段实现客货流和运输工具之间、以及各种运输方式之间的快速衔接，充分发挥各种运输方式的长处，实现客货运输的信息化。

可以看出，经济社会发展的不同阶段，产生不同的运输需求，进而带来交通运输技术的不断创新，推动交通运输不断向前发展。工业化初期，大规模化的生产，带来了大批量的运输需求，要求建立起现代运输网的骨架，水运和铁路适应这种需求应运而生。工业化中后期，工业化体系逐步形成，运输需求逐渐从量的方面转向质的方面，现代运输方式相继出现，并得到了较快的发展，公路运输作为最能适应该阶段运输需求的方式，逐步取代铁路和水运而成为交通运输的主导。在后工业化阶段，社会经济的发展要求提供方便、快捷、高效、优质、经济的运输供给，需要较为完善的综合运输体系，以满足后工业化时代多种形式的运输需求，此时，信息技术在交通运输领域的广泛运用，使得各种运输方式实现了有效的衔接，综合运输体系逐步建立并得到完善。

总之，科技进步已成为实现交通新的跨越式发展的重要动力，通过科技创新提高交通技术含量，转变交通供给方式，扩充能力；通过科技创新缓解交通发展的资源与环境压力，建设节约型交通行业，实现洁净运输；通过科技创新改善服务，加强管理，增进安全；大力发展信息化，实现以信息化带动交通产业升级和交通现代化。科技进步已为我国发展一体化公路客运换乘系统提供了有利的支撑保障。

5.2 公路运输在综合运输中的地位与作用

5.2.1 各种运输方式发展现状与地位

在市场的调节下,各种运输方式发挥的作用渐趋合理。由于运输环境的改善,综合运输能力的提高,各种运输方式之间的竞争日趋激烈,在市场中的份额不断变化。铁路运输受到来自航空和高速公路运输的竞争,在短途运输中旅客则普遍转向公路运输,使得铁路客运量市场份额由1978年的32.08%下降到2003年的6.13%;在旅客周转量中的份额也由1978年的62.72%下降到2003年的34.68%。但是铁路在中长途客运中的优势仍然存在,旅客周转量绝对值仍持续上升,2003年客运量达到9.8亿人,旅客周转量达到4788.6亿人公里。

与铁路相比,公路运输由于具有快捷、方便、灵活、门到门直达服务等特点,具有更大的市场竞争能力,因而得到飞速发展。1978年至2003年,客运量、旅客周转量分别从14.9亿人和521.3亿人公里增长到146.43亿人和7695.6亿人公里,分别增长8.83倍与13.8倍。客运量比重和旅客周转量比重更是从58.75%和29.90%增加到92.24%和55.72%,不仅在中短途旅客运输中,公路运输发挥的作用越来越大,而且还占领了一部分中长途旅客运输的份额。

随着国民经济的快速发展,民航运输增长势头很

猛,特别是长距离运输持续保持领先发展的地位。在1978年至2003年的25年期间,民航客运量和旅客周转量分别从231万人和27.9亿人公里增长到8759万人和1263.2亿人公里,年均增长1.48%和1.77%。2003年末,旅客周转量市场份额已占到9.14%。

水运由于诸多原因,旅客运输不断萎缩,已不能和其他三种运输方式相竞争,到2003年末,客运量和旅客周转量所占市场份额分别只有1.08%和0.46%。

综合以上分析可以看到,改革开放20多年来,我国旅客运输发展迅速,结构日趋合理,公路客运已在旅客运输中占据了主导地位,发挥的作用越来越大。从表(5-2)可以看出20多年来我国各种旅客运输方式构成的变化情况。

我国历年各种运输方式客运量及

客运周转量构成情况(%)　　表5-2

运输方式		1978年	1985年	1995年	1999年	2003年	1978年－2003年增减变化
客运量	铁路	32.08	18.08	8.76	6.99	6.13	-25.95
	公路	58.75	76.83	88.76	91.13	92.24	+33.49
	民航	0.09	0.12	0.44	0.44	0.55	+0.46
客运周转量	铁路	62.70	54.45	39.38	36.12	34.68	-28.02
	公路	29.90	38.86	51.13	55.28	55.72	+25.82
	民航	1.60	2.64	7.56	7.64	9.14	+7.54

注:资料来源《中国统计年鉴》

在作为基础设施的交通运输产业中选择主导运输方式时，日本经济学家筱原三代和德国发展经济学家赫希曼分别提出了"收入弹性基准"和"产业关联效应基准"两种判别原则。

1）收入弹性基准，即不同运输方式的运输弹性系数的比较

运输弹性系数是指由于国民经济增长率的变化而引起对运输量需求变化的比率。收入弹性基准可以衡量国民经济发展对不同运输方式的需求程度，弹性系数越大，说明优先发展该运输方式有利于解决"瓶颈"制约，有利于解决经济飞速发展情况下对交通需求的压力。

目前，从全国范围来看，公路客货运输量在综合运输体系中所占比重逐年提高。根据中国统计年鉴，到2005年，公路运输完成的客运量、旅客周转量、货运量、货物周转量达到175亿人、9900亿人公里、128亿吨和8000亿吨公里，分别比2000年增长29.9%、48.7%、23.2%和30.5%；占各种运输方式总运量的比重将分别达到92.6%、58.6%、71.1%和11.9%。四项指标中有三项超过了半数。这说明与其他运输方式相比，公路运输是发展和增长最快的运输方式。

2）产业关联效应基准，即一个产业的增长引起社会总产出的增长，而社会总产出的增长又受制于该产业的增长状况

在经济生活中，任何一个产业都不是孤立的，都与

其他产业相依并存、相互影响。一般来讲,交通设施的不断完善会促进国民经济的增长,而随着技术、资源的合理开发与利用、生产效率的不断提高、生产要素的合理配置又会加大对交通设施的需求。在区域经济发展中,公路交通与其他产业关联效益较其他运输方式而言较为显著。同时,公路运输带来的社会效益播及范围也远大于其他运输方式,这实际上与公路运输是一种“面”上的运动,而其他运输方式只是一种“线”上(铁路、水运、管道)或“点”上(民航)的运动有很大关系。“十五”期间公路水路交通年度资本形成额达3000亿~4000亿元,占GDP的比重达3%左右(数据来源:交通部综合规划司,公路水路交通“十一五”发展规划纲要),巨大的资金投入,不仅有力地带动了相关产业的快速发展,还创造了大量的就业机会。

5.2.2 我国原45个公路主枢纽完成情况

公路主枢纽是“三主一支持”的组成部分之一。根据交通部制定的全国公路主枢纽布局规划,全国共有45个公路主枢纽。自“八五”中期部论证确定全国公路主枢纽布局规划方案后,根据部颁布的《公路主枢纽总体布局规划编制办法》,各公路主枢纽城市相继开展了公路主枢纽总体布局规划编制工作。到1999年,45个公路主枢纽已全部完成总体布局规划编制审批工作,并陆续进入全面实施阶段。按审批的规划方案,全国45个公路主枢纽共规划建设客运站329个、货运站341个、信息中心46个,共计716个站场建设项目。

根据交通部综合规划司与部规划研究院共同完成的公路主枢纽站场建设情况调研报告，到2000年底，建成规划中的公路主枢纽客运站59个，货运站26个，信息中心15个。这些项目的建设实施，使我国公路客运站的发送能力增加约85万人次/日，货运站吞吐能力增加约3000万吨/年。随着站场规模能力的增加，站场设施和设备配备也逐步完善，现代化管理技术的应用水平不断提升，服务水平明显提高；客运站的乘车环境大为改观，旅客出行的方便程度大大增强；货运站的功能得到了拓展，作业效率明显提高；运输市场发育不断完善，基本实现了“车进站，人归点”，初步解决了“马路交易”的状况。

在取得上述成就的同时，各地在公路主枢纽的建设中对站场规划布局选址、功能与规模、资金筹措、建设与运营管理等进行了有益的探索。

5.2.3 我国公路交通发展分析

近年来，我国国民经济快速增长，人民生活水平不断提高，这既为公路交通带来了巨大需求，也为其快速发展创造了有利条件。交通行业紧紧抓住“九五”末以来国家扩大内需、实施积极财政政策的难得机遇，乘势而上，开拓创新，获得了快速发展。运输能力增强，运输装备结构调整步伐加快，运输服务质量和效率提高。基础设施建设取得辉煌成就，公路覆盖面显著扩大，路网结构不断升级，客货运输供求关系的紧张状况得到改善，对经济社会发展的“瓶颈”制约有一定缓解。

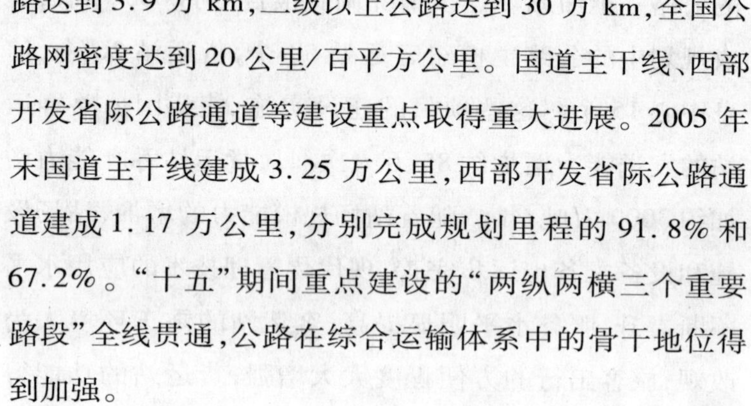

到2005年,公路总里程将达到190万km,高速公路达到3.9万km,二级以上公路达到30万km,全国公路网密度达到20公里/百平方公里。国道主干线、西部开发省际公路通道等建设重点取得重大进展。2005年末国道主干线建成3.25万公里,西部开发省际公路通道建成1.17万公里,分别完成规划里程的91.8%和67.2%。"十五"期间重点建设的"两纵两横三个重要路段"全线贯通,公路在综合运输体系中的骨干地位得到加强。

为了完善公路交通运输系统建设,适应新世纪我国全面建设小康社会、加快推进社会主义现代化的需要,交通部在总结经验,分析需求的基础上,在加快国道主干线、西部开发省际公路通道、公路主枢纽等基础建设的同时,研究制定了《国家高速公路网规划》(国务院已批准),为发展现代化的公路交通描绘了蓝图。而随着公路尤其是高速公路建设的快速发展,作为公路运输系统中的重要组成部分的公路运输枢纽已明显滞后。为加快公路运输枢纽发展,特别是构建一个国家层次上的公路运输枢纽服务体系,使其与国家高速公路网共同组成最高层次的公路交通运输网络,交通部组织编制了《国家公路运输枢纽总体布局规划》,重点解决国家公路运输枢纽在全国范围内的空间布局。同时为加强区域经济的发展,国家对长江三角洲、泛珠江三角洲、中部地区及环渤海:坚持高起点、高标准,瞄准世界先进水平,加快率先实现交通运输现代化的进程。"十一五"

期间以加强经济联系、整合交通资源，促进区域客运一体化为主线，加速提升公路交通的现代化管理和服务水平。

总之，到 2010 年，基础设施有效供给总量明显增加、结构明显合理、质量明显提高，国家高速公路网骨架基本形成，国省干线公路等级全面提高。东部地区基本形成高速公路网，长江三角洲、珠江三角洲和京津冀地区形成较完善的城际高速公路网络；中部地区基本建成比较完善的干线公路网络，承东启西的公路通道基本贯通；西部地区公路建设取得突破性进展。同时加快以国家公路运输枢纽为龙头的运输站场建设。货运站场以发展快速货运、集装箱、现代物流等专用场站以及能为其他运输方式提供多式联运服务的综合运输枢纽为主，客运站场以发展与城市交通或其他运输方式站场共同构成的综合性运输枢纽为主。

5.2.4 公路客运枢纽发展特点与趋势

1）公路客运枢纽发展特点

综合运输枢纽是各种运输方式之间、城市交通与城间运输之间联系的桥梁与纽带，是建立与发展现代综合运输体系的基础条件和必要保障，对一体化运输系统的形成起关键作用。综合运输枢纽使各种运输方式能形成一个有机的整体，有条件在运输组织方式上、实际运行中实现全过程“无缝”的物理连接和逻辑连接，实现运输过程的高效率。

而在综合交通枢纽规划中，一方面，由于受到自然条件的限制，使得火车站、港口和机场的选址和布局可以调整的空间比较狭窄。另一方面对综合交通枢纽在中转换乘、运输组织方面的要求，又使得一体化地考虑综合交通枢纽中各种交通运输港站的布局非常必要。解决这一问题的思路就是寻找一个与其他运输方式联系最为密切、可调整余地大的基本运输方式入手，通过优化这一基本运输方式的枢纽布局，来带动整个综合交通枢纽的优化。

五种运输方式中，公路运输作为联系其他运输方式的纽带，其灵活性和可调整性较大，这一优势有利于实现公路与港口、火车站、机场、公交等运输方式的统筹规划，形成综合运输枢纽。因此综合枢纽的发展有必要从公路交通枢纽的布局入手，对其站场数量、位置、规模进行优化和调整。在优化过程中，把铁路、水运、航空等几种运输方式的枢纽作为公路客运枢纽的约束条件，使公路客运枢纽的布局最大限度地保证各种运输方式的有机衔接，从而提高综合运输的运行效率。因此，公路运输枢纽的规划、建设可以全面带动并促进我国综合运输枢纽的建设与发展，并利用其完备的信息网和先进的组织管理技术，根据各种运输方式的不同特点和运输能力，合理地组织多式联运，充分挖掘和发挥各种运输方式的运输效能，进一步完善综合运输体系，实现运输过程的“零距离换乘”，促进运输过程一体化发展。合理规划和发展公路客运换乘枢纽，不断提高客运服务水平是综合交通规划的要求，更是发展一体化客运的需要。

2)公路客运枢纽发展趋势

在一体化客运的发展要求下,未来公路客运枢纽基本呈现以下发展趋势:

(1) 公路客运枢纽布局重视综合客运一体化。客运枢纽的布局选址不仅考虑城市对外交通的衔接(与高速公路及干线公路的衔接),更要考虑城市对内交通的衔接以及与不同运输方式之间的衔接(铁路、水运、民航)。在客运枢纽布局过程中要求充分体现综合运输理念,统筹规划,有效衔接,实现综合交通的系统发展,逐步实现客运交通方式的"零距离换乘"目标。

(2) 公路客运枢纽建设注重实效,向"公交化"方向发展。在原公路主枢纽的规划实施过程中,根据主枢纽客运站新车型、新需求,班次多、密度大等特点,不少地方在新建客运站时,大胆突破标准,采取"大站场、小站房"的做法,尽量压缩站房的建设面积,减少或省去原来集办公、住宿、娱乐等所谓"一条龙"服务的多层建筑,力求简洁实用;同时,扩大停车场和站前广场的面积,精心设计交通流程,适应车流、客流较大的特点。在站房设计上不设行李廊,精简行李房;在大厅设计上不设太多的候车位,除少量的"空港式"小商品部,不设任何小商摊铺等许多符合实际的做法,走向"公交化"发展样式,这将是未来综合公路客运换乘枢纽的发展方向。

(3) 信息技术将得以广泛运用。八十年代以来,国家高度重视发展以计算机和通信技术为基础的信息系

统，将其建设列为迎接新技术革命，面向信息化社会的重大国策之一。进入90年代，我国进一步加快了全国信息化的进程，信息产业迅速发展，公路运输中信息技术的应用也日益广泛。为了更好地适应社会经济的发展，提高公路运输的效率和管理水平，加强公路运输生产过程、公路与其他运输方式之间的衔接，现代通信、电子商务、电子数据交换等先进的信息技术将逐步引入综合运输领域，信息技术的广泛运用将为提高综合公路客运枢纽的信息化水平奠定基础。

5.3 公路客运换乘系统发展方向

综合客运换乘枢纽是一体化客运系统发展的关键环节。综合公路客运换乘枢纽未来发展将紧密结合经济社会发展与国家公路运输枢纽布局规划，推进国家公路运输示范枢纽的建设，基本建立符合各个城市总体发展规划的换乘枢纽中心，结合城市发展特点引入各种运输方式，实现城市公交与公路客运以及公路客运与铁路、民航、港口等城市对外交通的有效衔接。在具体公路客运枢纽建设过程中，换乘枢纽要结合枢纽内客流分布与不同运输方式转换流量，优化客运换乘枢纽的空间布局，按照最优化理论尽可能缩短主要接驳交通的换乘时间与距离；在客运换乘枢纽内搭建换乘信息平台，实现枢纽内不同运输方式的信息共享；同时要求配套建设机动车、非机动车停车场，配备相应的指向标识、换乘指南等服务设施。

6 一体化运输系统中的公路客运换乘枢纽

6.1 公路客运换乘枢纽布局

6.1.1 公路客运换乘枢纽布局因素分析

客运换乘枢纽是不同运输方式相互衔接的纽带。公路客运换乘枢纽的布局建设直接关系到综合交通运输的通畅程度，关系到多式联运的无缝化程度，具有“一点系全局”的重要地位。作为客运交通系统有效衔接的主导因素，公路客运换乘枢纽的布局规划应该以分析城市现状和产业布局为基础，在遵循客运枢纽布局一般原则的前提下，以体现城市未来发展要求为目标，依照客流分布规律、城市分区功能、用地可能以及对外交通的特点，选择并确定站场位置与空间分布、站场规模以及服务范围，使得各种运输方式衔接配套。公路客运换乘枢纽布局影响因素分析包含以下几方面：

1）城市空间形态

城市空间形态是影响公路客运换乘枢纽布局的重要因素。城市空间形态一般分为团块状（单中心型）、星状结构、组团型、带状型等几种，不同的城市形态对公路客运换乘枢纽的布局有不同的要求。团块状单中心型城市具有强大的向心力,这种城市公路客运换乘枢纽宜按照功能分区在各个对外交通出口附近分散布置,形成若干客运站点,同时结合城市需要与可能的原则,在城市中心区建设客运枢纽站场,以满足不同层次的客运需求,形成中心分散型布局形态。而组团型城市由于各组团的相对独立,公路客运换乘枢纽的布局则要求与这种功能相对独立的城市结构相适应,在单个组团内形成相对独立的公路客运换乘枢纽,以增强组团内外客运交通的顺利转换。

2)城市规模

城市规模决定了城市旅客出行的便捷程度、交通的布局情况。城市规模小,则客流从城市中心区到边缘区对外交通出口的平均距离短,旅客出行相对便捷,交通布局简单,同时城市产生的客流少,因此公路客运枢纽布置要求相对集中,体现站场规模效益与集约用地特征;相反,城市规模大,则客流从城市中心区到边缘区对外交通出口的平均距离长,城市旅客出行相对不便,城市交通布局复杂,同时城市产生的客流大,因此这种规模的公路客运枢纽布局应相对分散,方便旅客出行,既体现以人为本,又不影响站场规模效益。

3)城市总体规划

城市总体规划规定了城市性质、城市功能分区、城市发展与经济发展方向,公路客运换乘枢纽的布设应以城市居民工作出行、经济活动、文化体育活动、对外交通

需求为依据,因此城市的功能定位将影响公路客运换乘枢纽的布局与定位。

4)城市交通系统

城市交通作为城际客运的主要接驳交通方式,对公路客运换乘枢纽的建设有重要的影响。以城市对外交通与城市内部客运换乘衔接为例,通常客运换乘衔接的组织方式为:对外干线客运站点——站前广场——城市交通。在这个联系过程中,铁路、公路及空中航线是这些运输方式的运输通道,而火车站、长途汽车客运站、航空港则是这些通道的衔接点,城市交通则扮演为干线运输提供旅客集散的角色。城市交通系统中,运输方式越多,可能换乘运输方式的客流量就越大,不同运输方式的交汇点就越多,因而影响到客运换乘枢纽的布设。另外,城市交通的管理体制和管理水平,如车辆票价、票制、线路类别等,对乘客都有影响,这些因素将影响客运换乘枢纽的平面布置与规模确定。

5)交通网络结构

交通网络系统的布局形态,路网密度,快速路、主干路、次干路的规模及比例等因素直接影响公路客运枢纽的选址、规模与布局。

6.1.2 公路客运换乘枢纽布局要求与基本原则

6.1.2.1 布局基本要求

公路客运换乘枢纽的布局以及内部各种站场设施的合理配置,对枢纽乃至整个综合运输体系的运转效率具有重要的影响,其布设的基本要求如下。

1)要具备良好的交通条件

公路客运换乘枢纽的选址应该靠近城市干道、公路干线或城市出入口,具备良好的进出通道条件。要尽可能与大型轨道交通站点、公交终端或换乘站点紧密衔接,实现旅客的快速集散。

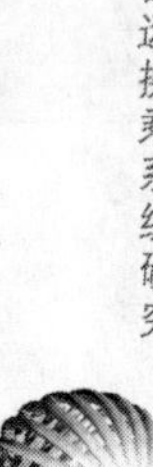

2)要尽量靠近客源集中处

尽可能地缩短客源点到公路客运换乘枢纽的距离,减少旅客集散过程中的换乘次数,为便于旅客的出行或换乘,在可能的情况下,公路客运换乘枢纽尽量位于客源相对较为集中的地区,靠近铁路客运站、港口码头、航空港、交易市场等。

3)相对均匀布局

为方便旅客的出行,尽可能缩短客源点到公路客运换乘枢纽的距离,减少旅客集散过程中的换乘次数,对规模较大的中心城市,公路客运换乘枢纽一般要求均匀布置。此外对于一定规模的行政区域中心无论是从政治、经济发展的要求,还是从满足群众的出行需求来看,一般需要一个一定规模的公路客运换乘枢纽站。

4)要适当远离城市的中心区,但不能远离城市客源,一味迁往城市边缘地带

一般情况下,公路客运站场应尽量避开城市繁华中心地带,减少对城市交通的干扰和对城市环境带来的污染,但不能一味迁出城市中心,将城市交通压力的增加归结于城际客运的干扰。首先,公路客运换乘枢纽迁往城市边缘无形中增加了城市交通的压力,试想当长途客

运枢纽站相对靠近城区,相当部分的旅客可通过步行或已有的公交进行接驳,而一旦搬离城区,除了需要新增公交线路外,特别是进入城区的旅客将化整为散,需要增加公交及出租车进行接驳,这就无形增加了城市交通压力;其次,长途客运枢纽迁往城市边缘出口,增加了旅客的出行成本、出行时间以及换乘次数,与贯彻"以人为本"的理念相悖,尤其当前一般城市长途客运枢纽的公交接驳设施配套都相对落后,旅客出行很不方便,甚至随着客运班线分方向的设置,部分旅客需要穿越整个城区才能搭上客运班线。因此较大的综合性客运站场最好布设在城市中心区至城市内环之间,不能远离城市客源,尽量减少旅客的出行时间与换乘次数。

6.1.2.2 布局基本原则

公路客运换乘枢纽站的布局既要着眼城市对外交通,又要充分考虑城市内部交通;既要体现对外交通便捷和城市交通顺畅的统一,又要实现站场规模效益与城市合理布局的统一。要从站场规模效益、城市交通发展、城市旅客出行三个角度出发,协调三者之间利益关系,找到最佳平衡点。公路客运换乘枢纽布局的基本原则如下。

1)以人为本原则

交通发展本来就应该是系统的、全面的、保持内在各关联要素动态联系的发展,而要实现交通全面、协调、可持续的发展,满足人们新的出行需求,作为连接不同运输方式纽带的公路客运换乘系统是解决问题的关键,公路客运换乘枢纽的布局应紧密结合旅客的出行习惯与出行要求，在枢纽站场的选址过程中，贯彻以人为本的交通发展观。

2）适应性原则

公路客运换乘枢纽的布局要求与枢纽所在城市的经济社会、城市空间布局形态与用地、交通发展格局以及旅客的出行习惯相适应，布局选址必须服从经济、社会发展的战略与目标，符合城市总体规划和生产力分布的格局，与城市总体布局相协调，促进城市各功能区的有效拓展。

3）协调性原则

公路客运换乘枢纽的布局要求充分考虑综合交通体系的协调发展，发挥公路运输衔接其他运输方式的优势，处理好与火车站、港口、机场、轨道交通及城市公交以及社会车辆之间的协调关系，做到信息互通、能力匹配，使运输生产的全过程保持高效连续，提高综合运输的总体效益。

4）统筹性原则

公路客运换乘枢纽的布局要求有长远战略思想，正确处理局部与整体、远期与近期、需要与可能、新站与旧站之间的关系。在满足客运需求和尽可能减少城市交通干扰的前提下，尽量利用已有站场以节省投资，从功能分工和服务区域分工上满足新旧兼顾、统筹发展的原则。

5）有效性原则

公路客运换乘枢纽作为集多种运输方式于一体的

综合枢纽,在枢纽内多种运输方式并不是简单的叠加,在布局过程中需要强调时空布局的有效性,在内部的交通设计与流程安排、外部的交通组织与环境设计都必须坚持有效性原则。有效性原则是提高综合客运换乘枢纽运行效率的重要保证。

6.1.3 公路客运换乘枢纽布局思路与方法

6.1.3.1 公路客运枢纽布局的形态研究

通过城市规模与公路客运枢纽布局的关系分析,公路客运换乘枢纽基本上可归纳为五种类型的布局形态:聚集型、方向合并型、中心分散型、分散携带型、相对独立型。

1)聚集型

城市规模较小,主要为小城镇(城区人口 2 万 ~10 万)和部分小城市(城区人口10 万 ~20 万),城市平均半径很小,旅客出行便捷,日均客流较少,且主要工业用地相对集中。公路客运枢纽宜集中布置,以便充分发挥站场的规模经济效益,并节约信息化网络平台的建设投入。

2)方向合并型

城市规模适中,主要为部分小城市(城区人口 10 万 ~20 万)和中等城市(城区人口 20 万 ~50 万)。城市建城区面积中等,城市平均半径适中,旅客出行相对便捷,日均旅客流量大大超过 10000 人次。公路客运换乘枢纽宜合并对外交通主出口和相邻次出口的客流,在城市各个主出口附近布置,形成多个客运换乘枢纽,枢

纽之间运用城市交通连接。这种布局模式既兼顾了站场的经济效益，也充分考虑了城市交通布局。

3）中心分散型

城市规模达到中等以上，主要为部分中等城市和大城市（城区人口 50 万～100 万），城市建成区面积和城市平均半径较大，旅客需穿越较长、交通相对拥挤的中心城区，出行相对不便，城市旅客流量庞大，主要工业用地分散在城市的边缘区，且规模较大。这种公路客运换乘枢纽宜按照功能分区在各个对外交通出口附近分散布置，形成若干客运站点，同时结合城市需要与可能的原则，在城市中心区建设公路客运枢纽站场，以满足不同层次的客运需求，形成中心分散型布局形态。这种布局形态要求具备发达的城市交通系统作为支撑，提供快速、便捷的换乘系统。

4）分散携带型

城市规模特大，主要为部分大城市和特大城市（城区人口 100 万～1 000 万），城市建成区面积庞大，与中心分散型的城市类型相比，它除了拥有中心分散型城市所有特征外，另携带离城市中心区距离相对较远、且自身功能齐全的城市副中心，一般反映为经济开发区或被逐渐为城市拓展所包纳的邻近县级城区，这种城市形态为母子型。母城的客运换乘枢纽采用中心分散型布局，而子城因客流较少，主要工业用地相对集中，宜采用聚集型布局形态，子城客运站场既独立运行又融入母城的客运站场系统中。

5)相对独立型

城市规模巨大,一般为现代化大都市(城区人口1 000万以上),城市平均半径巨大,交通布局复杂,内部各区城市人口庞大,基本达到大城市标准以上,且功能齐全、客流量大,各区之间通过城市快速干道相连。这种城市的公路客运换乘枢纽宜从各区相对独立的出行角度出发,站在城市全局的角度,分别在各区靠近城市干道旁边分散布局,并应纳入统一的信息调度指挥系统,形成有机的整体。

6.1.3.2 公路客运换乘枢纽布局思路与方法

1)公路客运换乘枢纽布局的思路

公路客运换乘枢纽发展的目的是为适应城市经济社会发展和对外交通格局的变化,满足居民出行的需求,充分发展各种运输方式的优势,促进综合运输的高效发展。公路客运换乘枢纽的布局应遵循系统工程原理,充分认识城市经济发展的趋势,把握城市总体规划,分析客运换乘枢纽所在城市的特点与对外交通格局,在运输量预测及客运换乘枢纽不同运输方式间转换规模预测的基础上,明确系统规模、旅客流量流向及其基本规律,根据公路客运换乘枢纽的布局原则,选定换乘枢纽的位置,确定站场的规模,再选用适当的方法对拟定站场进行评价,分析换乘枢纽的社会经济影响。客运换乘枢纽布局的基本思路见图6-1。

2)公路客运换乘枢纽布局方法

(1)客运换乘枢纽布局机制分析

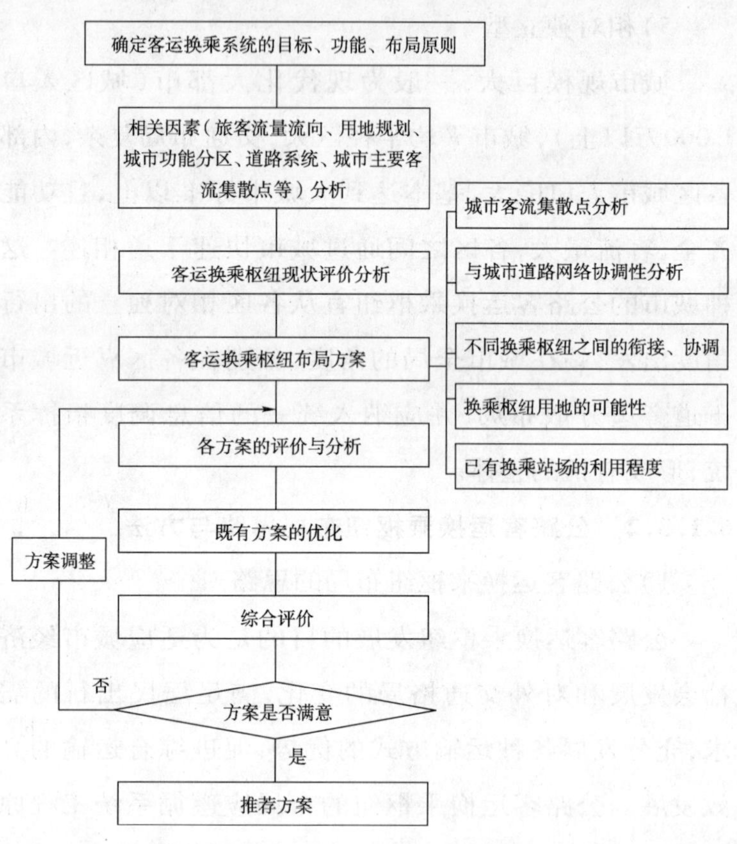

图 6-1　客运换乘枢纽布局的基本思路

客运换乘枢纽是一种实现交通功能转换的场所，是不同运输方式、不同方向客流的转换点。所谓“客运换乘枢纽布局”，就是从综合运输系统发展的角度，最大限度地协调各种运输方式站场的布局，使它们在整体最优目标下有机衔接，其最终目的就是通过合理的枢纽站场布局来引导交通需求者和运营者的微观行为，使之符合综合运输系统社会效益最大化的宏观目标。客运换乘枢纽主要包括城市对外客运枢纽、轨道交通交汇站点、市内主要公交线路聚集点及市区与市郊公交线路交汇换乘站,依据该项研究的范围,重点研究以公路为主体的客运换乘枢纽布局。

目前我国综合客运枢纽布局一般采用的理论方法有:单纯的数学物理模型,如重心法、微分法及交通运输成本效益分析法;最优化方法,如线形规划、混合整数规划等。这些方法虽然能较好地反映枢纽站场的理论运营机理,但缺乏从路网整体角度研究枢纽,只是从静态、抽象的角度研究枢纽的布局,没有考虑枢纽所处运输网络的动态变化对枢纽布局的影响,无法反映运输系统之间的有效衔接与换乘,对客运枢纽的不确定性和复杂性缺乏反映。

根据客运换乘枢纽客流集散的不同特性,总的来说客运换乘枢纽布局可以划分为两个层次。第一层次为城市对外交通如火车站、港口、机场、公路等对外客运换乘枢纽布局,第二层次为城市内部公共客运换乘枢纽的选址与布局(如城市轨道交通交汇点、大型常规公交汇集点)。在第一层次客运换乘枢纽布局中,一方面铁路车站、港口、机场的选址和布局由于客运枢纽自身特点及自然条件的限制,使得这些枢纽的选址和布局可调整的空间比较狭窄。另一方面由于对综合客运枢纽在中转换乘、运输组织等方面的要求,必须一体化考虑综合客运枢纽中各种运输方式站场的布局。解决这一问题的思路就在于寻找一个与其他运输方式联系最为紧密、可调整余地较大的基本运输方式入手,通过优化这一基本运输方式的枢纽布局,来带动整个综合客运换乘枢纽

的布局优化。综合交通五种运输方式中,公路运输系统作为联系其他运输方式的纽带,其灵活性和可调整性较大,因此本报告以公路客运枢纽的优化布局为目标,而把铁路、港口、航空等对外客运换乘枢纽以及城市内部轨道交通换乘站作为公路枢纽站场布局的约束条件,综合考虑客运枢纽布局与运输网规划的关系,以及城市内外交通运输网的衔接,在优化的过程中,使公路客运枢纽站场的布局最大限度地保证各种运输方式的有机衔接,从而提高综合客运枢纽的运营效率。

(2)公路客运换乘枢纽布局方法

公路客运换乘枢纽布局考虑的主要因素有:与城市整体规划相协调、方便居民出行(包括最大限度地减少居民的出行时间与换乘次数)、有效衔接城市不同的功能分区、为城市其他主要客运换乘枢纽顺利集散客流。结合以上的主要考虑因素,研究提出采用“分层布局法”对公路客运换乘枢纽进行布局。所谓分层布局就是首先将公路客运换乘枢纽布局所考虑的因素分解成若干单元;其次,根据每个单元所考虑的不同侧重点分别生成公路客运换乘枢纽布局集合;最后结合集合运算与城市土地使用等实际情况,生成最终公路客运换乘枢纽布局方案。公路客运换乘枢纽布局具体过程如下:

①结合城市发展结构、城市功能分区、城市路网形态及功能分区规划年的土地利用性质,将城市划分成若干不同的区域$\{\Phi_1,\Phi_2,\cdots,\Phi_n\}$;

②在区域$\{\Phi_1,\Phi_2,\cdots,\Phi_n\}$中,结合城市用地及城

市道路网的结构选定有足够用地组织公路客运换乘枢纽布局地点，作为公路客运换乘枢纽布局的可行地址集 M_1。根据城市现状公路客流 OD 分布期望线与城市客流分布期望线，以期望线交汇较多的点作为公路客运换乘枢纽合理的位置集 M_2。令 $\Psi_1 = M_1 \cap M_2$（当 M_1 与 M_2 集合中元素的位置较近时，认为两元素位置重合），则 Ψ_1 即为公路客运换乘枢纽的初选地址集；

③分析城市客流走廊分布情况，在用地可行的情况下，在客流走廊的交汇点、起止点增加公路换乘枢纽集合 Ψ_2；

④分析城市对外运输结构，在城市对外客运换乘枢纽如火车站、航空港、港口等附近适当增加公路客运换乘枢纽集 Ψ_3；

综合上述不同层次的公交换乘枢纽集合，确定城市公交换乘枢纽布局集合 $\Psi = \Psi_1 \cup \Psi_2 \cup \Psi_3$，最后结合城市用地实际情况，确定最终布局方案。

6.1.4 公路客运换乘枢纽布局案例分析

1）北京

（1）城市形态

目前北京市城市形态表现为“分散集团式”城市布局形态，即在中心大团的周围，安排了十个边缘小团。《北京城市总体规划（2004—2020 年）》对北京市的空间布局做了大的调整，提出构建“两轴—两带—多中心”的新城市格局，如图 6-2 所示。实施多中心与新城发展战略，合理引导城市功能布局，努力构建符合现代

化城市发展规律的结构布局，将全市各类分散的资源和功能整合到若干连接区域的运输走廊上，实现城市的集约化发展。

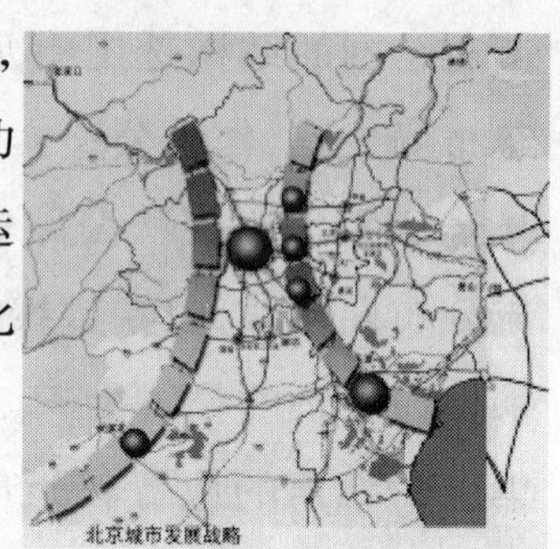

图 6-2　北京城市发展格局

(2)公路客运枢纽布局

北京公路客运枢纽宏观布局属于中心分散加携带型。客运场站布局符合北京城市总体规划的基本要求。随着城市的迅速发展，市区范围不断扩大，以前处在市区边缘的长途客运枢纽逐步演变为市区客流集散中心，因此，主枢纽客运站向市区外围转移，同时性质和功能逐渐多元化。根据北京市对外干线公路网的形态特征，北京市的公路出入口可归并为东、东南、南、西南、北五个主要方向。北京公路主枢纽客运系统由服务于五个不同客流方向的 7 个客运枢纽组成，且大都分布在四环以外，既能有效辐射周边地区，又可减轻城市交通压力。区县客运中心站充分考虑了未来各远郊区县尤其是作为区域中心的新城的发展规模和吸引能力，在满足市域长途客运的基础上可根据需要适当增发省际班线；乡镇客运站建设以区县主要乡镇为主，远期将逐步拓展到全部乡镇。

作为综合交通体系已基本完善的大都市，北京市综合客运枢纽的“枢纽”概念主要体现为：在整合城市内部客运系统的基础上，依托对外运输干线对于外围空间

及沿线组团的串连作用，主要承接城市内外交通之间的中转换乘与衔接功能。北京市客运枢纽作为城市内部交通与对外交通之间的关键换乘点，在北京由传统的“摊大饼”模式向“两轴—两带—多中心”这种开放型空间格局过渡的过程中，将有助于形成向一个空间有机疏散，彼此间又高效和紧密联系的整体，即所谓“大而小，小而大”的网络城市的转变。

2）上海

（1）城市形态

上海是由“中心城—新城—中心镇—集镇”组成的多层次的城镇体系及由沿海发展轴、沪宁、沪杭发展轴和市域各级城镇等组成的“多层、多核、多轴”空间布局结构。中心城空间布局结构为“多心、开敞”，城市空间布局见图6-3。规划按现状自然地形和主要公共中心的分布以及对资源优化配置的要求，合理调整分区结构。

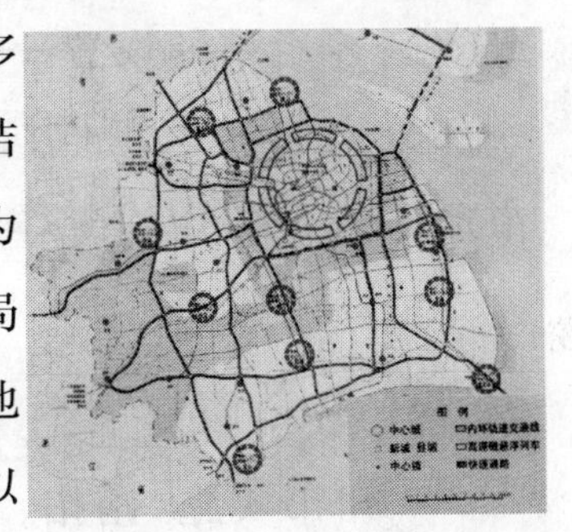

图6-3　上海城市空间结构

（2）公路客运枢纽布局

上海公路客运枢纽宏观布局属于中心分散加携带型。总体规划布局设想将该市客运站分为五个层次，即：主站、辅站、旅游站、过境站、新城和郊县站。另设一信息平台，实现省际客运信息网络服务和综合管理。由此形成上海公路客运“三主、七辅、四旅游、一平台”的

格局。“三主”包括上海长途客运总站、上海长途客运南站和上海长途客运浦东站，作为公铁联运的客流集散中心。“七副”则是按客流方向的不同进行设置，主要发送各客流方向的长途客运。为了便于旅客就近乘车与集散，还在新城和郊县居民集聚区或主要道路旁建立新城或郊县客运站。

上海市这种枢纽布局模式是与其“多层、多核、多轴”的空间布局结构相对应的。其中中心城区是整个区域的流通集散地，通过设置主站强大的集散功能来满足；在主要客流方向通过设置辅站将客流引导向城市外围空间，缓解城市内部交通压力；新城或郊区客运站的设置一方面配合综合客运枢纽承担一部分交通流，另一方面结合城市规划的调整对城市形态起到一定引导作用。

3）广州

（1）城市形态

广州市实施“南拓、北优、东进、西联”的城市空间发展战略，调整并完善以山、水、城、田、海的自然格局为基础，主要沿珠江水系发展的多中心组团式网络型城市结构，形成“一主三副两片”的城市空间布局，如图 6-4 所示。在主城区南、北、东各发展一个副

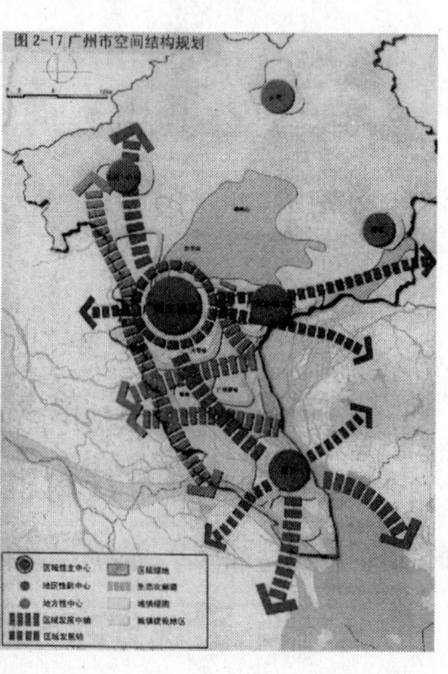

图6-4　广州城市空间布局

城区；两片区分别为增城片区与从化片区。中心主城区以“两条城市景观轴”为骨架，以重点发展地区为节点发展。两条城市景观轴指新城市中轴线和珠江城市景观轴，是广州城市空间景观序列的统领。

(2)公路客运枢纽布局

总体布局属于中心分散加携带型，是一种面点统筹、分层布局的模式，有助于拓展城市空间，调整城市结构。广州公路客运枢纽系统由20个客运站场组成。在布局上，站场由外到内呈远中近空间分布。综合客运枢纽主要布设在中心区边缘几个主要方向的出入口。集散型客运枢纽则主要布设在各郊区、县，一方面配合综合客运枢纽承担部分中长途客流，另一方面结合城市规划的调整引导城市形态的拓展。沿市中心往北依次有广州客运站，罗冲围客运站和江夏客运站；往东有火车东站汽车客运站、天河客运站(偏北)和黄埔客运站；往南有芳村客运站和海珠客运站；往西有罗冲围客运站、窖口客运站和芳村客运站；此外还有分布在番禺、花都、增城、从化等区、市最外围的站场。广州市公路枢纽客运站布局在空间上、方向上形成了一个由外到内符合客源分布特点的格局。

4)佛山

(1)城市形态

城市形态为依托于开放型交通网络而形成的“井形框架、环状衔接”的城市空间结构。“井”字形是指八

个分别指向东、西、南、北多个方向的发展轴线，“井”字的中心为佛山的中心组团核心区地带，环状是指一个半环形的结构。在人口分布上，由南北两个百万人口以上中心组团、五个三十万到五十万人口的新城区，以及多个簇群式节点为发展主体构成的组团式大城市格局，如图6-5所示。

(2)公路客运枢纽布局

在两个人口密集的核心地区组团各布设一综合客运枢纽。对于距离相近的新城区组团，根据整体协调，集约发展的原则规划一个综合客运枢纽兼顾3个组团的综合客运功能，在此基础上，在3个位于中间位置且与中心城区交界的组团内补充建设一个以配客为主的集散性客运枢纽。对于其他组团，考虑组团特定的客运需求进行因地制宜的设置。

这种布局模式充分利用组团之间在地理空间上的可接近性进行总体布局和统筹协调，避免了重复建设，加强了区域资源整合力度和协同发展能力。对于相对较为独立的组团，在充分考虑交通格局及其对外通达程度的基础上布设适当规模的枢纽，不仅满足当前的需求并为未来的发展留有余地。是一种集约化、可持续的布局模式。

5)茂名

(1)城市形态

茂名城市空间布局呈现以道路轴线为分界线的“东居西工”模式结构。城市空间总体呈紧凑型、渐进

式由西向东、由北向南发展。随着城市规模的不断扩大,城市发展形态逐渐呈现"双核心组团型"城市布局的雏形,未来茂名城市空间布局呈现"双核心"+"三大组团"格局,空间拓展如图6-6所示。

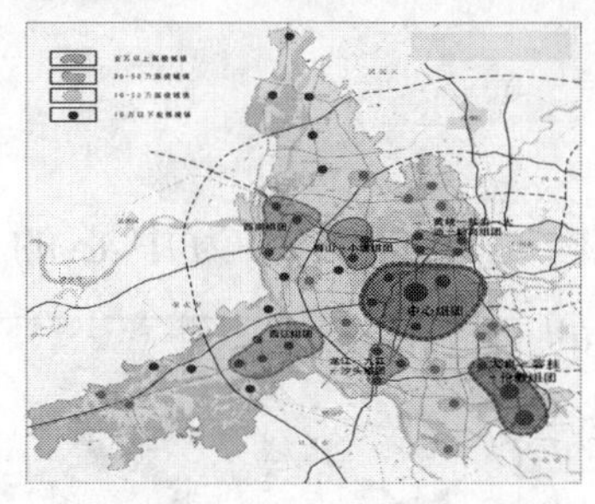

图6-5　佛山组团式城市格局

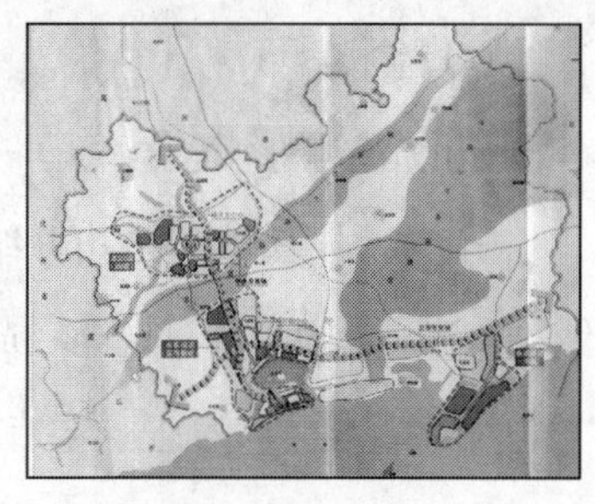

图6-6　茂名城市空间布局

(2)公路客运枢纽布局

属于中心分散型布局模式,以综合枢纽为中心,以集散型枢纽、发散型站场为基础的运输枢纽体系。共规划布设两个综合客运枢纽,一个位于当前的中心城区起到疏导中心城区交通功能作用,另一个位于几大重要交通干线的交汇点,起到承接未来市域对外客运交流,满足茂名市将来开放式发展的需要。集散型枢纽的布设一方面作为综合枢纽的补充,另一方面考虑新城区与组团经济发展的需要,并为新城区向此中心城区的过渡留有余地。

通过中心分散型的布局模式支撑"双核心"+"三大组团"型的组团分布格局,形成一个与城市空间结构同构的枢纽布局体系。这种模式与多核心多组团的城市发展机理相适应,综合型客运枢纽将凭借于核心区域(或重要区位线汇集点)的聚集效应充

分发挥规模效应，而组团内其他集散型枢纽则主要发挥集与散的功能，一方面向综合枢纽输送客源，另一方面服务于当地组团，起到渗透作用。是一种高效、层次划分明确的枢纽布局模式。

6)桂林

(1)城市形态

市域城镇体系空间结构是以桂林市为中心的，依托于交通干线形成的"X"形结构作为基本结构，由一、二、三级城镇发展轴共同形成本区完整的城镇空间结构。中心城区是唯一的大城市，刚好处于两条重要经济轴的结合部位，即"X"形结构的交叉点，如图6-7所示。

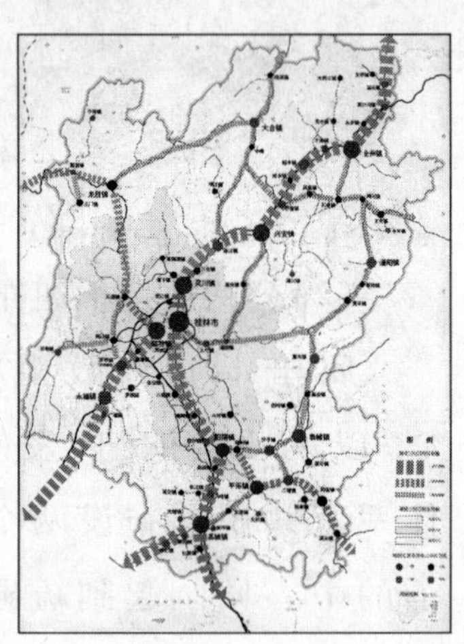

图6-7 桂林城镇体系布局

(2)公路客运枢纽布局

属中心分散型布局模式。桂林公路客运枢纽布设在主城区及其周边临桂、灵川两个城市化较快地区。在主城区布设综合客运枢纽一个，主要为桂林市中心城区居民出行服务；布设6个集散型客运枢纽：在主城区北部、西部、南部三个重要出入口方向以及临桂县各布设1个；另外在城区东部、灵川县各布设一个满足东部居民片区居民出行的需要。

6.2 公路客运换乘枢纽投资建设模式

6.2.1 公路客运换乘枢纽投资主体界定

对于公路客运换乘枢纽来说属于基础设施领域，它无疑是属于“具有利益外溢性特征的可价格排他物品”，具有准公共产品、正外部性等特点。总体来说它所提供的利益是可以内在化和私人化的。通过对进公路客运换乘枢纽站车辆收取站场管理费等形式，可将不付费者排除在外并从中可获得一定的价值补偿。而且对于区位较好、客流量较充足的枢纽站场还可获得较为丰厚的利润。而另一方面，公路客运枢纽站场又具有较为明显的正外部效应，作为一种与公路共同构成道路交通运输整体体系的物品，合理的客运换乘枢纽无疑对于整个社会的物流、人流的疏散发挥着巨大的效益，对于提高整个综合客运系统的运行效率具有重要意义。

那么总体上而言究竟应该选择政府直接供给为主还是由政府部门给予补助的办法通过市场供给为主呢?研究认为，原则上，从适应市场经济发展的需要出发，应该首先优先采用由政府部门给予补助的办法通过市场供给来解决。一般地，这种方式从经济效率上而言是高效的。而提高经济效率，也即提高经济增长的集约化水平是当前中国面临的最紧迫的主题。那么，接下来问题就是政府补贴的量该如何确定。这个量值根据经济学

理论应为 B = T × Q_2（T 表示该物品的边际外部收益(marginal external benefit)，考虑边际外部收益最优的均衡产量应为 Q_2，B 为政府补贴）。因而，越是外部效应明显的站场越应补贴较多的资金，这是一个总的原则。此外，应该说明的一个认识是，有人认为站补贴只应补给国有企业，而不应补给民营和混合所有制企业，否则就是国有资产流失。实际上，补贴资金的来源之一中央财政性资金（车购税）征收也并未划分国有、民营。对于地方客货运附加费（也有称站队基金）征收对象也并不仅仅是国有部门的营业性运输车辆，更多的是个体私营部门的车辆（这一点在货运领域更是如此）。因此，从享受广泛的国民待遇角度讲，支持项目不应有所有制差别。实际上，是否予以补贴资金所考虑的标准主要是该站场是否具有较强的外部效应，只要能促进当地交通运输与经济的发展就应补贴。

对于公路客运换乘枢纽，虽然带有经营性，但由于在现行站场建设标准内容上附加了客运换乘设施的建设，而这种换乘设施基本属于公益性设施，主要为客运枢纽内不同运输方式间的搭乘转换服务，这部分设施的外部效应明显，对于增强客运换乘衔接水平，提高整个客运系统的运营效率具有重要作用，如果这部分设施的建设及维护费用也追加到枢纽建设企业，换乘枢纽建设的投资加大，投资回收困难，这样也无法调动企业的建设积极性。因此，对于公路客运换乘枢纽的投资建设，如果采用由政府部门给予补助的办法通过市场供给来解决,考虑到客运枢纽内换乘衔接设施的配套建设与维护,相应的补助标准应该提高,同时在用地政策上给予优惠。

6.2.2 公路客运换乘枢纽投资主体的选择

近年来,全国公路主枢纽与各省公路运输枢纽建设已全面铺开,各地对公路运输枢纽的投资建设进行了许多有益的探索,取得了丰富的经验。而在开展该项研究过程中发现,建设主体的不明确已成为客运换乘枢纽建设的障碍,本项研究结合我国公路主枢纽建设方面的成就(参考《公路主枢纽站场投融资政策研究》,交通部综合规划司,2002 年),对公路客运换乘枢纽的投资主体初步分析如下,总的来说,公路客运换乘枢纽的投资主体可以分成以下几种基本模式:

1)政府主导型

所谓政府主导型是指由当地政府投资为主,建好公路客运换乘枢纽后交由企业经营管理。如广东东莞一些乡镇都是由镇政府投资建设了大型车站,这些大型车站匹配了相应的公交接驳与出租车停车衔接设施。这种方式得以运用的前提一个是镇政府自身拥有集体土地,从而可以大大地降低投资成本;另一个是当地经济特别是"三资"、民营经济发达,从而镇政府财政收入比较充裕。需要指出的是,这种投资形式在经济较发达的地区,地方政府有较大积极性,而由于在整个运输枢纽项目中自身拥有土地的毕竟是少数,中西部地区多数地方政府财政相对紧张,而且站场设施又不是一个纯公共

物品,所以考虑到现实情况的差异与经济效率的提高,这种方式具有局限性,并不具备普遍的推广意义。

2)部门主导型

所谓部门主导型是指结合公路主枢纽的建设经验,交通行政主管部门设立专门的事业机构或站场经营机构作为业主统一组织、建设、管理和经营公路客运换乘枢纽。如沈阳市成立了"主枢纽集团有限公司",武汉市成立了"交通建设投资有限公司",广州市成立了主枢纽"站场建设管理中心",深圳市成立了"深圳市客货运输服务中心"等。这些单位的主要职能一是筹措项目资本金并在运作中实现所筹集资金的滚动发展,二是协调各种关系,负责征地、拆迁,确定项目法人、经营主体以加速客运站建设。通过这种模式进行运作责任明确,任务落实,从而提高了主枢纽站场建设的规模化和集约化水平,推动了主枢纽站场建设迅速发展,因此实施效果较好。如广州站场管理中心成立后,现已完成广州公路主枢纽管理服务中心、广州客运站改造工程、天河客运站(一期)、芳村客运站、窖口汽车站五个客运站项目的建设。

广州、深圳这种经营模式实质上与当前的公路建设体制有极大的相似之处,他们均是一种有中国特色的项目融资形式。虽然由于体制等问题所限这一方式与真正意义上的项目融资有一定的差距(真正的项目融资的特点是外部资金投入者对出资人即发起该项目的公司具有有限追索权,而现在大量采用的"项目融资"实

际上是没有明确的主体可以作为有限追索的对象的)。但由于这种事业单位是以一个集团面貌出现的,并且隶属于政府交通主管部门,因此在与规划、城建、国土等部门的协调过程当中就具备较强的谈判能力,在资金筹集方面也有一定的优势,从而在当前体制环境下对于加快站场建设速度发挥着积极的作用。

3)企业主导型

企业主导型是指主要由运输企业投资建设并经营,交通主管部门(地方政府)结合公路客运换乘枢纽的具体换乘设施建设配套情况给予一定补助或优惠政策的建设模式。如广东的汕头、湛江、清远、东莞市等地,其中湛江市主枢纽站基本由湛江市汽运集团公司建设和经营,湛江汽车运输集团有限公司在2005年以"承债式"模式对湛江市公交公司进行了整体兼并。即通过整体承接公交公司的财、物及全面承接债权债务与整体承接公交公司的正式职工的模式进行了兼并。兼并后在客运站场资源的整合方面发挥了重要作用,实现了公路客运与城市公交的高效换乘衔接,湛江市海田公路公交枢纽站就是兼并后由汽车运输集团有限公司改建的第一个综合枢纽站。

又如,建设中的东莞市汽车总站的建设模式,该站建设预计总投资1.4亿元,投资主体是8家企业,其中股份合作制企业6家(非国有性质),国有企业1家(行将改制为股份合作制企业),集体企业1家。股权结构为其中的7家各占12%的股份,一家占16%的股份,而

政府只是提供优惠的土地政策(14 万~15 万元/亩)。东莞这种投资方式与香港的站场建设有极大的相似性。香港对新建客运站场的建设主体是通过招标来决定,政府则对站场用地予以优惠。比如 1997 年香港政府对位于九龙某地段地下的过境巴士总站的配备(装修)、管理、营办、维修等一系列经营活动进行了招投标。其规定由政府提供场地,由具有客运服务经验的营运商参加投标,中标者须在该站启用前按投标文件规定的技术详情、服务详情、资产情况、维修备件和物料清单做好候车区、售票室等的配备装修工作,并在规定时间内完成;建好后由中标者进行管理,无偿进行使用,有权保留部分发车位自用,但若收入与假定租金超过某一限度时就须开始向政府交费。

总的来说,公路客运换乘枢纽投资主体基本分为以上三种模式,不同模式都具有相应的优点与缺点,对于地方公路客运换乘枢纽的投资建设不能以一种固定的模式来限制,在具体的公路客运换乘枢纽的建设中,应结合地方的具体情况进行管理运作,根本的出发点在于保证公路客运换乘枢纽的公益性的实现,促进综合客运系统高效的搭乘转换。

6.2.3 投资体制改革对公路换乘枢纽建设的启示

1)在投资方式上,应坚持由资金的无偿分配向有偿使用转变的原则

经过二十余年的改革,全国站场建设已跳出了单纯依靠国家投资的旧的体制约束,初步实现了投资渠道多

样化。但政府投资资金的无偿供给制与分配制局面依然大量存在，因此地方借投资立项之机尽可能争取更多资金的现象依然严重。这种资金使用的无成本化必然导致资金使用效益的低效化。因此，尽管站场设施属于准公共物品范畴，政府应在投资上予以补贴，但为抑制“投资饥渴症”的产生与防止国有资本流失，这种补贴也应采取有偿使用的方式（与国家采用“拨改贷”而非直接注资方式投资于国有企业的原因类似）。有偿使用的方式有债权方式（通过还本付息）、股权方式（通过股息与红利）、融资租赁方式（通过租金）。

2）在资金管理上，应坚持由投资分配制向投资经营制转变的原则，组建投资公司，实现政府投资的企业化经营

通过组建站场投资公司管理投资资金，有利于打破原有的以行政管理体系为基本框架的投资管理体系，形成以企业化的机构来管理政府投资模式的雏形，加大经营管理者承担投资风险与分享效益意识。同时，一定程度上可避免建设项目在决策、建设与生产、经营相互脱节，造成损失浪费无人负责，经济效益低下的弊病。

站场投资公司的资本来源虽是政府，但本身不属于政府部门，而是按我国的《公司法》设立的国有独资公司即由“国家授权投资的机构或者国家授权的部门单独投资设立的有限责任公司”。当然正因为其性质的特殊性决定了其在设立程序、资本归属、经营目的上又与一般企业不同，是一种特殊性质的企业。

3）在改革方向上，应坚持政企分开的原则，努力形成企业独立决策、政府宏观调控、银行自主审贷的格局

从改革初期推出的“拨改贷”办法、投资包干责任制办法，到后来的项目法人责任制办法，从一定意义上说，都是为了解决传统体制下吃政府投资“大锅饭”的问题，以提高政府投资的使用效益。从实际效果看，这些改革的初衷并没有完全实现，这不仅仅是这些改革措施本身的缺陷，更主要的是制度上缺乏投资责任制的基础，使责任制形同虚设，这是投资体制改革的一个最大薄弱点。问题的根本症结之所在是：企业还没有完全脱离政府部门的附属地位，因而受行政隶属关系制约，没有成为实际上的独立投资主体。因此，将投资决策权归位，使企业（包括国有企业和其他各类企业）成为主要的投资主体，具有完善的投融资机制和充分的项目决策自主权，按利润最大化原则和市场法则调节投资运行并独立承担投资风险责任是经济体制改革的方向。而政府的投资管理职能则完全转到宏观调控、间接管理、政策指导和信息服务的职能上。当然，从根本上说这只有在站场建立起真正意义上的现代企业制度以及金融体制改革到位之后才能实现，但作为一种站场投资体制改革的方向有必要将其提出来。

总之，公路客运换乘枢纽在建设过程中，需要通过建立责、权、利明确，投资主体法人化的运输枢纽发展体制，提高运输枢纽的投资效益，实现运输枢纽的良性循环发展。运输枢纽投资法人主体的产权结构在做到产权清晰、责权明确的前提下,可以采取多种形式。根据运输枢纽基础设施项目的公益性及其盈利能力的不同,政府对运输枢纽建设项目的投资可以作为资本金投入,也可以用政府贷款的形式投入,并实现政府投资法人化,使其成为吸纳民间资本的有效媒介,由承担项目建设的各类企业完全按照市场规则进行建设和运营组织,鼓励各类投资主体参与运输枢纽的建设。

6.3 公路客运换乘枢纽运营、管理模式

综合客运换乘枢纽由于集多种运输方式于一体,而各种运输方式在综合枢纽内又不是简单的排列与叠加,而要实现综合交通效率的最大化,除了硬件基础设施的一体化建设外,高效的运输方式转换对客运换乘枢纽的运营与管理也提出了更高的要求。以美国联合车站(Union Station)为例,该综合枢纽站的前身为1908年Amtrack(全国铁路客运公司)建设的华盛顿火车站,随着20世纪50年代美国公路的发展,洲际铁路客流逐步向公路长途客运转移,铁路客流逐步下降,60年代国有铁路客运开始出现亏损。而铁路客运作为公众运输的一种重要方式,具有一定的公益性。为了弥补国有铁路客运的亏损的局面,1971年美国国会开始接手资助。为了改善Union Station乘车环境,完善不同运输方式之间的换乘衔接设施,1983年由Amtrack公司、地铁公司以及其他投资商共同组建Corporation(联合公司)开始对Union Station进行重建,在重建过程中国会进行了拨

款,1988 年重建工作完成,形成了目前带有 400 万英尺商铺的多功能综合换乘枢纽站。

目前整个 Union Station 的运营由联合组建的 Corporation统一负责与协调,包括 Union Station 的商业开发、不同运输方式之间的换乘衔接设施的建设、信息服务平台的搭建,在整个协调运营过程中,不同运输方式的公司将派人参与。在 Union Station 的成功运用中,Corporation 作为联合公司起到了重要的协调作用。

该枢纽站就是投资主体多元化、运营管理一体化的国外客运换乘枢纽的典型代表。这种运营管理模式对于综合性客运换乘枢纽的高效健康运行具有重要意义。对于我国综合公路客运换乘枢纽的发展,这种经营、管理模式值得借鉴。

6.4 公路客运换乘枢纽衔接组织分析

6.4.1 客运换乘枢纽衔接组织概述

公路客运换乘枢纽是多种运输方式和多种运输设备构成的结合部,其内部各子系统间、要素间的相互协调具有非常重要的意义。不同客运枢纽内存在不同的协调关系,只有处理好这些协调关系,才能充分发挥枢纽内各种运输方式的优势与特长,促使彼此间的相互协作,进而形成或实现客运枢纽的综合能力。在众多的协调关系中,客运枢纽的换乘、衔接组织是相互协调的重要方面。为实现城市内外客流的顺利转换,必须对换乘

枢纽的空间设计与运行调度进行合理组织。

进行客运换乘枢纽交通衔接组织，首先需要确定客运换乘枢纽的交通接驳模式，结合城市公交（特别是城市轨道交通）、出租车等各专项城市交通规划，分析公路客运换乘枢纽内可能产生的接驳方式。通过客运枢纽的换乘模式分析，在计算客运枢纽内不同运输方式客流转换规模的基础上，再对客运枢纽进行客流衔接组织。换乘枢纽交通衔接组织的措施主要包括换乘枢纽空间的合理安排、运能的合理配置、客运换乘枢纽的内部交通设计、客运换乘枢纽各功能区的衔接协调、枢纽进出站车流与人流的合理组织引导等。同时针对枢纽内不同运输方式特点，建立相应的联运措施，在满足运输需求多样化的基础上，实现运输方式间转换的快速化，提高城市综合运输的运行效率。

6.4.2 公路客运换乘模式分析

公路客运枢纽换乘模式总体上可以分成立体换乘与平面换乘两种。

公路客运换乘枢纽的立体换乘为地上或地下多层结构形式，适用于运输方式复杂、用地受到限制并且具有较强经济实力的特大城市。立体换乘对于实现在同一建筑内的快捷换乘，贯彻“以人为本”的“零换乘”理念，并对于实现枢纽内人车分流、车车分流、人人分流的有序交通流线，保证旅客和车辆在站内的有序流动具有重要意义，同时结合国外发展经验立体换乘也是大城市客运换乘的发展方向。但立体换乘目前也存在以下几

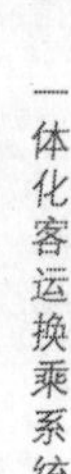

方面的问题：

(1)换乘枢纽的整体规模相对过大，基础设施建设的成本增加，换乘枢纽建设的投资加大，投资回收相对困难，资金筹措难度增加；

(2)换乘枢纽要求在同一空间内实现不同运输方式之间的高效转换，客运换乘枢纽的内部交通设计、外部交通组织与环境设计的难度加大；

(3)由于在换乘枢纽内牵涉到不同运输方式与建设主体，不同运输方式的运营与管理的协调难度加大。

平面换乘是指枢纽站设施布置在同一平面上，该换乘模式具有广泛适应性，首先平面换乘能够降低客运换乘枢纽的投资规模，能够简化客运换乘枢纽的构造物建设；其次采取平面换乘可以降低客运枢纽的客运组织难度。但是平面换乘增加了旅客的换乘距离，弱化了客运换乘枢纽一体化功能，增加了客运换乘枢纽的占地规模。

因此，两种客运换乘模式都具有相应的特点，在地方公路客运换乘枢纽的建设过程中，应该采取因地制宜的原则，结合城市的发展特点、经济实力与枢纽点可能产生的运输方式，选取相应的换乘模式，但对于采取平面换乘的客运换乘枢纽，要求统一征地、统一规划、统一建设，以便实现运输方式间的高效搭乘转换。确定客运换乘枢纽的基本换乘模式后，再进行客运换乘方式基本设计。

换乘方式的选择是枢纽衔接设计的主要内容，换乘枢纽设计研究首先必须深入了解换乘方式的细节。换

乘方式取决于运输方式的走向和相互交织形式。一般常见的交织形式有垂直交叉、斜交、平行交织等多种形式,但归纳到换乘方式,一般分为同站台换乘、楼梯换乘、站厅换乘、通道换乘、站外换乘等基本形式。

1)同站台换乘

同站台换乘一般适用于两条线路平行交织,而且采用岛式站台的车站形式,乘客换乘时,由岛式站台的一侧下车,跨过站台另一侧上车,即完成了转线换乘,换乘极为方便。同站台换乘的基本布局是双岛站台的结构形式,可以在同一平面上布置,也可以双层布置。

2)阶梯换乘

在两条线路的交叉处,将两线重叠部分的结构做成整体的结点,并采用阶梯将上下两车站站台直接连通,乘客通过该自动扶梯或升降机及步行楼梯进行换乘,换乘高差一般为5~6m。需要注意上下竖向的客流组织。需要根据换乘客流量进行阶梯通行能力分析,满足客流高峰时间的顺利通过,更应避免进出站客流与换乘客流的交叉紊乱。

阶梯换乘方式的关键在于阶梯宽度往往因受岛式站台总宽度的限制,使其通行能力不能满足乘客流量之需要,使阶梯换乘方式的适用范围受到局限。一般与其他换乘方式组合应用。

3)站厅换乘

设置两线或多线的共用站厅,或相互连通形成统一的换乘大厅。乘客下车后,无论是出站还是换乘,都必

须经过站厅，再根据导向标志出站或进入另一个站台继续乘车。由于下车客流到站厅分流，减少了站台上人流交织，乘客行进速度快，在站台上的滞留时间减少，可避免站台因行车延误造成拥挤，同时又可减少阶梯等升降设备的总数量，增加站台有效使用面积，有利于控制站台宽度规模。

站厅换乘方式与前两种方式比，适合于换乘规模大的枢纽站，但乘客换乘线路必须先上（或下），再下（或上），换乘总高度落差大。若是站台与站厅之间是自动扶梯连接，可改善换乘条件。这种换乘方式有利于各条线路分期修建、后期形成。

4）通道换乘

通道换乘是指采用通道或阶梯将两种运输方式连接起来，供乘客搭乘转换。连接通道一般设于两站厅之间，也可直接设置在站台上。

通道换乘方式布置较为灵活，对两种运输方式的转换有较大适应性，预留工程少，甚至可以不预留，容许预留线位置将来可以少许移动。通道宽度可按换乘客流量的需要设计。换乘条件取决于通道长度，一般不宜超过100m，这种换乘方式最有利于两种运输方式站厅分期实施，预留工程最少，后期线路位置调节有较大的灵活性。

5）站外换乘方式

这种换乘方式是乘客在车站付费区以外进行换乘，实际上是没有专用换乘设施的换乘方式。采用站外换

乘方式，往往是缺乏考虑综合客运一体化发展而造成的后遗症，不予推荐。由于乘客增加一次进、出站手续，再加上在站外与其他人流交织和步行距离长，客运换乘不方便。对综合枢纽自身而言，是一种系统性缺陷的反映。因此，站外换乘方式在线网规划和枢纽衔接设计中应注意尽量避免。

6）组合式换乘

在换乘方式的实际应用中，往往采用两种或几种换乘方式组合，以达到改善换乘条件，方便乘客使用，降低工程造价。例如：同站台换乘方式辅以站厅或通道换乘方式，使所有的换乘方向都能换乘；楼梯换乘方式在岛式站台中，必须辅以站厅或通道换乘方式，才能满足换乘能力；站厅换乘方式辅以通道换乘方式，可以减少预留工程量等。上述组合的目的，都是从功能上考虑，枢纽的换乘设计不但要满足换乘客流的通过能力，还要有较大的灵活性，在方便乘客换乘的同时、方便工程实施。

6.4.3　公路客运换乘枢纽内部交通设计

1）车辆出入口设置

机动车辆如城市公交、长途车、社会车辆等是客运换乘枢纽运营的重要组成部分，而车辆进出枢纽的出入口是联系枢纽内外部交通、影响枢纽功能的重要因素。所以客运换乘枢纽出入口的布设是交通组织设计中最重要的环节，出入口的布设应达到以下要求：

（1）绕行距离最短。出入口的设置应能最大程度满足车流的出入方便与快捷，各方向的车辆就近进出枢

纽,尤其避免公交车围枢纽绕行,以降低对周边路网的压力。

(2)对主干道的干扰最小。客运换乘枢纽的进出口应避免设置在主路的繁忙和敏感地段或交叉口,以减少对主路的影响。

(3)压力分散。出入口的布置应使枢纽对周边道路的压力比较均匀,避免个别路段压力过大。

(4)相互干扰最少。客运换乘枢纽的出入口设置在功能上应相互独立,避免相互之间的干扰。

(5)灵活代替。各出入口在保证独立运行的条件下,还应有足够的灵活度,一旦某个出入口发生堵车或故障,车辆可灵活方便地利用其他出口,从而保障客运换乘枢纽的正常运行。

(6)流量控制。各出入口的设计标准应以交通流量为依据,除适当考虑应急的需求外,还应与路口连接的周边道路能力匹配。

车辆进出枢纽的出入口是进行车流组织的关键环节。在完成枢纽内部功能区初步划分的条件下,枢纽的车辆进出口受到外部路网交通条件和内部功能分区的双重限制。一般要根据进出枢纽车辆的运行规律首先计算出单位时间车辆出入量,由此初步判断枢纽所需的最少出入口数量。在此基础上,结合内外部交通条件,尽可能找出枢纽的可能出入口,为下一步的车流组织服务。

2)换乘枢纽内部交通设计

换乘枢纽内部交通设计是综合客运枢纽换乘衔接的重要内容,在进行客运换乘枢纽内部交通设计时,需要着重解决以下几方面的问题。

(1)换乘客流的重要度排序

一般来说,综合客运换乘枢纽的运输方式会在四种以上,而各种运输方式之间的换乘量要通过大量的基础资料和规划意图来预测。一般而言换乘量最大的运输方式,在枢纽内占据的地位就重要,除有特殊情况外,比如政府计划将某种运输方式进行限制或引导。所以综合考虑各种因素后,对各种运输方式之间的换乘转换重要度进行由大到小的排序,便可反映枢纽内部各种换乘方式的相对重要程度,该重要度的排序,便是换乘枢纽进行交通组织时优先满足某些换乘的依据。

(2)枢纽内人车结合点的设置

综合客运换乘枢纽人车分流是保证枢纽有序运行的关键环节之一,也是枢纽"以人为本"的具体体现。"人车分流"最基本的做法是将车流区域和人流区域进行空间分割,使二者相互独立、互不干扰。但毫无疑问,车流的主体依然是人,所以二者必须有恰当的结合点或结合面。以北京东直门客运枢纽为例,公交车受出入口的限制,只能进地面层,而人流的主要集散区分布在西侧。那么,人车结合点即公交车的上车位应布置在地面层,由西侧进的车辆应在西、北侧上下乘客,由东进口进入枢纽的公交车应在西、南侧上下乘客,所以公交层的上下车站台形成一个"L"型。

(3)枢纽人流组织

设定综合换乘枢纽的主骨架和枢纽的人车结合点后,就可以按照不同运输方式之间换乘客流的重要度由高到低排序,依次进行各种方式换乘客流的细部分区和交通组织。各种运输方式的换乘客流应避免相互交织干扰,做到分区清晰,连通便捷,使乘客在枢纽中不至于迷失方向。比如北京六里桥客运站的换乘客流的重要度排序为:公路省际客运—地铁换乘客流、公路省际客运—公交换乘客流、公交—地铁换乘客流、社会车辆—公路换乘客流、自行车与其他运输方式的换乘客流、步行人流乘车等。有了这样一个重要度排序,进行人流交通组织时,应首先使地铁与公路长途客运换乘最为便利,并修建专用的换乘大厅与转换通道。其次是公交与长途客运的换乘问题,在地铁与长途客运换乘已定的基础上,很自然将公交上下客站台往换乘大厅靠,该方案同时解决了公交之间的平面换乘问题。依此类推,解决社会车辆与长途客运的换乘、自行车的换乘等,最后形成客运枢纽完整的人流组织系统。

(4)枢纽车流组织

一般来说,客运换乘枢纽需要进行交通组织的车辆是指长途车、公交车、社会车辆及自行车辆,而轨道交通一般是客运换乘枢纽的既定条件,或可变空间极小。和人流组织一样,车流组织也要遵循先主后次的规则。在客运换乘枢纽可能出入口的基础上,枢纽内部车流的组织工作就是利用诸多可能出入口,根据人车结合点和人

流组织的大致布置,进行车辆的组织和车流的渠化。在渠化的过程中,要充分地考虑车辆对内部交通、对枢纽人流的影响,尽量遵循已做好的人流组织方案。

(5)人流、车流组织的统一及方案调整

枢纽内人流、车流是相互依赖、相互牵制的统一整体。在分别进行客运换乘枢纽人流、车流组织设计后,二者肯定还存在某些冲突和矛盾,所以交通组织设计在此基础上应进行人流、车流组织的统一,对方案进行优化调整。为此,首先需要将人流、车流的流线进行叠加,圈出人流组织、车流组织的冲突点和不融合点,对这些点进行对策研究,调整交通组织。依此过程反复调整,继续寻找冲突点和解决方案,通过这样反复循环地研究,才能产生一个和谐统一的交通组织方案。

6.4.4 公路客运换乘枢纽各功能区衔接

要使公路客运换乘枢纽真正体现“以人为本”的设计理念,必须注重各功能区的合理衔接,它包含空间衔接和功能衔接。空间衔接是指各功能区之间设有联系通道或公用空间,使区域间实现物理连通。而功能区的衔接则相对复杂,它不仅指运输方式间的物理连通,更重要在于功能区之间的功能和流量的匹配。依然以北京六里桥客运站为例,长途客运、地铁、公交是枢纽的三大主要公共功能区,三个区域通过集散大厅和垂直通道实现物理连通,而通过对发车区域的划分、连通通道的设置,使各方向人流能各行其道,使其用最快捷的方式实现运输方式间的搭乘转换。这种对发车区域、通道位

置的研究就属于客运换乘枢纽的功能衔接组织设计。

6.4.5 公路客运换乘枢纽外部交通组织

公路客运换乘枢纽外部的交通组织是客运枢纽高效运行的前提和基础。形象地说，客运换乘枢纽的外部交通组织就是将客运枢纽这个“点”用合理的恰当的方式连接到城市综合交通系统这个“面”上。在研究枢纽外部交通组织时，应着重做到满足城市综合交通发展的需要，满足周边城市用地功能分区的要求，研究客运换乘枢纽与城市干道系统的连通度，为交通的管制疏导创造条件。此外还需要考虑交通管理与交通控制系统、客运换乘枢纽与城市交通的衔接和交通组织对环境的影响。

6.4.6 公路客运换乘枢纽地下空间设计

大城市现代化的公路客运换乘枢纽一般都采用立体换乘形式，尤其是地铁方式的引入和城市土地的升值，更加速了客运换乘枢纽的立体化进程。因此，地下空间的开发利用是主要的发展方向。客运换乘枢纽对地下空间的开发要求包括以下几方面：

1）体系完整

客运换乘枢纽地下空间的开发应符合枢纽地区土地利用性质，若已明确作为城市的重要客运枢纽，地下空间的建设应以交通功能为核心。地下空间交通功能必须与整个客运换乘枢纽综合交通有机结合，成为客运枢纽的有机组成部分。地下空间开发应避免功能单一，要向多功能方向发展，同时将交通功能放在最重要的位置，使地下空间的交通功能与地面交通功能成为一个完整的体系，与地面交通有机结合，原则上交通衔接设施的设置应相对集中。

2）实施性

既保证规划具有一定的超前性，又要研究效益和代价的平衡。地下空间开发对交通的考虑应注重可持续发展，科学处理远景和近期的关系，规划方案要有足够的适应性能力。原则上土建处理要注意远景要求，设备配置要注意逐步更新。由于客运换乘枢纽的独特地位和重要作用，地下空间开发必须考虑实施和建设过程的交通疏解措施，减少对城市交通的干扰，同时对可能的运输接驳方式进行预留。

3）功能协调

客运换乘枢纽地下空间开发应主要以地铁、轻轨、步行系统和停车设施为主，兼顾枢纽的配套功能，将不同功能的地下空间相对集中布置，尤其注重避免其他功能对交通功能空间的干扰。地下空间开发必须考虑配套停车空间，停车规模既要满足开发引起的停车位短缺，同时在经济技术充分论证的基础上，尽量弥补地上空间停车能力的缺口。同时还需要考虑残疾人通行需求，进行无障碍设计，把交通管理组织放在十分重要的位置，注重功能的协调发展。

4）安全与环保

客运换乘枢纽的地下空间的开发必须考虑灾害状

态下的交通疏散问题，交通空间要求注意环境处理，做到安全、环保，要科学研究地下构造物（如风亭、出入口）对城市地面环境的影响。

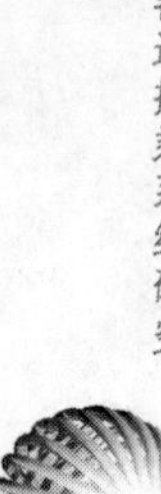

6.4.7 公路客运换乘枢纽客流组织引导

客流的引导是客运换乘枢纽组织中一个重要的环节，合理、有效的客流引导可以达到分配客流、避免客流的交叉干扰、提高公路客运换乘枢纽的空间使用效率。客流引导的方式主要包括以下 3 种：

1）标志引导

标志引导是公路客运换乘枢纽最为直接、有效的客流引导方式，也是目前最常用、最主要的客流引导方式。枢纽内的标志一般包括：识别标志、方向指示标志、信息标志、警示标志和广告等。这些标志同建筑紧密结合，不但强化了建筑空间的可识别性，而且还点缀了客运换乘枢纽空间的作用，是客运枢纽建筑塑造空间的一个重要手段。

2）通过建筑空间的限定对客流进行引导

通过连接客运换乘枢纽不同功能空间的通道引导客流。这是在许多客运换乘枢纽常用的一种客流引导方式，它具有目的性强、客流交叉干扰小的特点，一般立体客运换乘枢纽在进行客流组织时常采用。

通过楼梯、自动扶梯、滚梯等垂直交通对客流进行引导。垂直交通结合向导标志具有较强的指向性。

通过共享建筑空间来连接不同高程的功能空间对客流进行引导。这是一些功能较为复杂的换乘建筑常采用的客流引导方式。贯穿几层的共享空间可以使每一层的功能一目了然,空间具有较强的可识别性。

3)通过标志物(进出站闸机、检票口)限定空间对客流进行引导

将这些标志物的功能同空间限定、客流引导功能结合起来是一种非常有效率的客流引导方式。

这些引导客流的形式最终目的是使客运换乘枢纽建筑空间可识别性增强,使空间内的客流具有明确的方向性,以提高客运换乘枢纽客流组织效率。

6.5 公路客运换乘枢纽综合信息系统建设

一套功能齐备、装备先进、信息互通、使用方便的换乘信息服务系统对于客运换乘衔接来说是必不可少的。换乘信息服务系统应能满足不同层次管理的需要,能及时准确地采集、处理、分析、存储、传输生产运行过程中所产生的各种信息,如运力分布、组织管理、生产调度、各种站内作业、机械、车辆设备运用情况等信息;提供查询、显示、广播等信息服务;对换乘枢纽的关键作业部位进行监控;为有关的政府管理部门及企业提供可靠的信息;为统计分析、生产预测、管理决策等提供支持。

换乘信息服务系统包括公众信息服务系统和枢纽站场信息服务系统。公众客运信息服务需求主要是指出行人员对各种与出行相关的信息需求。公众在出行过程中,要求公路、铁路、航空、水运、出租车等运输经营企业能够随时提供各种运输方式的行车时刻和运行路

线、换乘站点、客运站场、周边地理信息、票价、道路交通状况、气候条件等。出行人员可根据这些信息选择最佳的出行路线、运输方式、换乘方式及出发时刻或取消出行计划等。公众信息服务以交通运输信息传输网络为基础,从交通运输信息数据库及信息管理系统、交通运输调度指挥系统中获得信息,提供给社会公众,满足社会公众对交通运输信息多方面的需求。提供交通运输信息的手段可采取多种形式,如电话、电子牌、触摸屏、基于 WEB 的网络等。

此外,枢纽站场信息服务系统也是换乘信息系统的重要组成部分,在换乘枢纽站场信息系统的管理与建设当中引入智能运输系统(ITS)的理念。研究各种运输方式通过 ITS 手段进行衔接、有效地集成,并对枢纽换乘信息系统的建设提出指导原则,最后进行综合、集成与协调而达到现代换乘系统建设的总目标。枢纽站场信息服务系统建设的功能目标包括以下几点。

1)保障换乘枢纽客流的高效转换

对于综合客运换乘系统来说,客运换乘枢纽信息系统建设的一个主要目的在于保障多交通模式结合部的安全与通畅,实现城市空港、火车站、海港、公路站场、轨道等不同运输方式的顺利换乘。

2)提高换乘枢纽的综合效率

使枢纽内交通流分配更均衡、更合理,通过枢纽换乘信息系统的合理诱导,充分发挥各种交通模式的各自优势,提高换乘枢纽的综合效率。

3)改善对换乘用户的服务质量

使换乘用户能方便、及时地得到关于换乘枢纽综合交通的各种信息,包括静态的、动态的和优化的交通信息,使旅行更舒适方便、物流更安全通畅。

换乘枢纽站场信息系统建设的主要框架包括以下六部分:

(1)各种交通模式之间、各种交通模式与枢纽协调中心之间的数据交换。这种数据交换是实现综合交通枢纽高效换乘的基础。为了进行数据交换,在硬件方面要建立一个公共的数据网络和所需要的各种接口,在软件方面要建立公共的交通出行数据字典和数据交换规范和协议,建立一个公共的数据库。

(2)综合客运换乘信息服务。除了公众信息服务系统以外,在换乘枢纽内需要实现对枢纽用户和各模式系统提供实时的交通(出行)信息服务。通过信息服务,出行者可以选择他认为的最佳出行或换乘模式、时间和路线,不同运输模式子系统可以主动地调整它的运力配置。为了实现信息服务,除了系统基本设施间有良好的通信通道外,系统与用户之间要有可靠的信息传输手段和工具。

(3)综合枢纽旅客换乘引导。当旅客给出出行目的地和某些约束条件(如优化目标、时间限制、费用范围等)之后,系统便给出最优出行或换乘的模式、时间和路线,引导旅客做出既照顾全局又有利于个人的选择,要实现这种引导功能,必须建立枢纽多模式混合交

通流预测、多模式混合交通流分配、多模式路线优化等模型,并开发相应的求解算法。

(4)综合换乘枢纽协调管理。综合客运换乘协调中心在经过对各种交通信息的综合处理后,对各交通模式的控制/管理中心发出协调计划指令,以调整各交通模式的控制/管理计划。从政策和策略上对各交通模式中心进行协调指导。

(5)换乘枢纽结合部的安全救援。换乘枢纽结合部的安全是各交通模式安全系统所照顾不到的,需要在综合换乘枢纽信息系统中考虑。各结合部的监视器负责监测结合部的安全状态,紧急救援系统在必要时应能及时处理意外事件。

7 实施一体化公路换乘系统发展的措施与建议

7.1 政府在公路客运换乘枢纽建设中的定位

政府在一个国家中是指处于国家权力位置的组织，因其性质政府在社会中应承担指导、管理、服务、协调、监督和保卫等职能。这些职能的行使把政府活动联结为一个综合运行的系统。因此，政府职能是指政府的基本任务及其行为方向，在基础层面上，它可界定为阶级职能、社会管理职能和社会服务职能。简而言之，政府职能就是指政府所能够和所应该发挥的作用。

对公路客运换乘枢纽的发展而言，由于公路客运换乘枢纽属于偏公益性的准公共物品，具有较为明显的正外部效应，作为一种与公路共同构成道路交通运输整体体系的物品，具有较强的基础性与社会性。设点合理的客运换乘枢纽无疑对于整个社会的人流、物流的疏散发挥着巨大的作用，对于提高整个综合客运系统的运行效率具有重要意义。并且由于公路客运换乘枢纽通常涵盖了两种或两种以上的运输方式，在当前相对分散的交通管理体制下，公路客运换乘枢纽基础设施的建设及运用通常跨出了公路交通行业的管理范畴。因此，从公路客运换乘枢纽的经济属性、发展

特点来看，研究认为，地方城市政府应该是公路客运换乘枢纽建设的责任主体，对公路客运换乘枢纽的建设起主导作用。

因此，从政府在公路客运换乘枢纽发展中的定位来看，政府首先需要为现代综合客运交通的发展创造一个良好的软环境，引导现代客运换乘系统的发展。主要包括：公平有序的市场环境、顺畅的政府管理体制、协调的政府管理机制、完善健全的法律法规体系、配套的发展政策、创新整合的企业发展战略以及提供招商引资的机会和便利等；其次，要为现代综合客运换乘系统发展创造一个良好的硬件支持平台，其主要包括：科学的综合客运换乘枢纽发展总体规划、高效畅通的集疏运网络系统、先进的电子信息平台支持系统、客运系统正常运作的协调处理，以提高区域综合客运发展整体水平，保障现代综合客运系统迅速、健康、有序地发展。具体的政府调控作用主要体现在以下几方面。

1）科学组织编制交通规划

交通规划是城市总体规划的重要组成部分。城市人民政府要在对交通现状、需求和发展前景进行充分调查研究的基础上，通过编制实施综合交通体系规划及各专项交通规划，科学配置和利用交通资源，基本建立以交通为导向的城市发展与土地利用模式。公路客运换乘枢纽的规划建设与城市总体布局及人口产业分布相协调，综合考虑各种运输方式、换乘枢纽配置以及城市内外交通的衔接等。

2）保障规划的编制和组织实施

人民政府需要大力支持公路客运枢纽交通规划的编制工作，确保编制任务的顺利开展与实施。要保持规划的严肃性和稳定性，保障规划的组织实施，采取有力的措施，切实防止和纠正违反规划、侵占交通基础设施及其建设用地的行为。

3）建立健全法律法规和标准体系

要从实际出发，借鉴国内外发展客运换乘枢纽的成功经验，从规划、建设、管理等方面，加快建立确保综合客运换乘系统发展的法规体系。要健全站场枢纽建设、换乘衔接设施配套等方面的技术标准体系，出台综合客运换乘枢纽共性技术标准及规范，进一步强化法规和标准的指导作用，促进客运换乘系统的有序发展。

综上所述，无论从软环境方面，还是硬件支撑平台方面，客运换乘系统的健康发展、竞争力的获得、良好的市场环境的建设等都离不开政府的宏观管理和协调。政府的宏观管理和协调，有助于加速我国综合客运换乘系统的发展和成熟。

7.2 综合客运换乘发展建议

7.2.1 深化交通管理体制改革

“综合互济、协调集成”的方针目的在于实现规划决策层与执行机构层的有效衔接，而衔接的关键是要加强政府的集中领导，在中央统一政令的前提下，建立有效的

交通行政管理体系。而我国的城市交通管理体制基本上是计划经济体制下行业分割、部门分割和职能交叉重叠式的管理模式的延续，虽然经过历次改革，但还没有从根本上解决原有体制的弊端。随着社会主义市场经济体制的逐步建立，我国城市交通行政管理体制一些深层次的矛盾和问题日益突出，尤其是在尚未形成大交通管理格局的中心城市，体制问题已成为制约交通行业发展和城市经济社会发展的重要障碍。现结合我国交通管理现状就交通行政管理体制改革提出以下发展思路：

1）中心城市建立“一城一交”的综合管理体制

按照“统一、精简、效能”的原则，建立办事高效、运作协调的综合交通管理体制，可以较好地解决各种运输方式之间管理上的人为分割，缺乏统筹规划、资源浪费和效率低下等问题，同时可以有效地消除政出多门，发挥综合管理效能，推动各种运输方式的协调发展。发达国家和地区的发展经验证明，建立统一的交通管理体制，加快综合交通体系建设，是交通现代化发展的必然趋势。

以北京、深圳、广州、武汉、重庆等为代表的中心城市根据我国国情，在实施“一城一交”交通行政管理体制改革方面进行了探索和实践。这些中心城市的交通委员会职责是有所不同的，其中武汉交委的实践模式值得探讨与借鉴。总结武汉交通委员会的实践经验，主要包括以下几方面：

（1）政府重视和支持是推动交通行政管理体制改革的关键。武汉市历次交通行政管理体制改革都是在

市委、市政府的领导下开展的。没有政府的重视和支持,交通行政管理体制改革就难以取得突破性进展。在每次改革中,市交通部门都积极开展认真的调研,提出改革的有关具体建议,积极争取市委、市政府领导的重视和支持,促进了改革的不断深入。

(2)建立综合交通管理格局是交通行政管理体制改革的目标。现代综合交通体系涵盖了水路运输、道路运输(公路运输和城市公共交通)、铁路运输、航空运输等各种运输方式,如果多家管理、政出多门,就没有统一的规划和管理,各种运输方式就不能做到有机衔接,无法发挥综合交通的优势。在改革中,武汉市坚持把建立现代综合运输体系作为改革的目标,坚定不移地加以推进。

(3)实现城乡客运一体化是交通行政管理体制改革的趋势。随着城市中心城区的不断扩大,城郊住宅小区的不断兴建,以及城市经济开发区的不断拓展和现代物流的发展,使城市内外道路系统相互交织,中心城区与远城区的联系更加紧密,促使交通改革必须走一体化的道路。将各种运输方式统一到交通部门管理,有利于建立"精简、统一、效能"的交通行政管理机构,有利于对城乡交通实施统一规划、统一管理,有利于实现各种运输方式衔接有序、优势互补,全面提升城市交通的服务功能,有利于减轻经营者的负担,为经营者创造良好的环境。

2001 年机构改革后,武汉市城市公共交通划转到交委管理,为全市客运实行统一规划、统一管理提供了

可能和体制上的保障。根据交通部、省政府批准的《武汉公路主枢纽总体布局规划》，结合武汉市的实际，市交委及时组织研究拟定了《武汉市道路客运交通一体化方案》。《方案》按照客运"一体化"的思路，对全市公路客运枢纽规划布局进行适当调整，在武汉市中环线城市出口路附近建设若干客运枢纽站，实现公路客运与城市公交、出租车的对接换乘，并与铁路、航空及城市轨道交通有机结合起来，做到各种运输方式的资源共享、有机衔接、合理分工，促进全市公路客运、城市公交客运以及未来的轨道交通协调发展。《方案》已通过专家评审，从2003年开始逐步实施。

（4）政企分开是交通行政管理体制改革中需要认真研究和解决的重点。政企不分、政资合一，就会分散交通主管部门的精力，不利于交通主管部门对全行业实施有效的管理。通过政企分开、政资分离，使交通主管部门从大量的事务中解放出来，有利于集中精力抓好行业管理和宏观规划，研究和解决交通行业发展中的重大问题。

因此，对于基本建立市交通委员会的中心城市，市交委作为主管全市城乡公共客运交通及公路、水路交通行政管理和行业管理的政府组成部门，代表市政府对全市的交通运输业进行"领导、决策、规划、管理、服务、协调、仲裁"等宏观管理，除继续行使原市交通局的所有职能外，还承担原市公用局承担的城市公共客运交通管理职能（含出租汽车管理职能）；市经委承担的民航、铁路、公路、水路各种运输方式协调职能；原市港口局承担的港政管理、码头管理职能等。

2）未成立交通委的城市，借鉴我国航空港规划建设体制和机制，建议由政府直接或责成综合管理部门牵头成立专门组织抓客运换乘枢纽建设

在没有形成大交通体制下，作为客运换乘枢纽之一的航空港，一体化问题解决得较好，其中一条经验是政府直接或责成综合管理部门牵头成立临时专门组织抓规划建设。

随着对机场特性认识的不断深化，世界各国的机场不管所有权如何安排，运营管理模式都呈现出由政府管理的公益性设施向收益性企业发展的趋势。传统上，基于机场是公益性基础设施的认识，机场的功能单一，基本上以满足航空公司的业务需求为中心；收入主要靠起降费和向航空公司收取的设施使用费和服务费，同时为保证整个行业的运转和发展，机场对航空公司的收费价格往往低于成本；机场的亏损由政府补贴。随着民航业的发展与对机场收益性的重视，机场的功能由单一化向多功能发展；服务对象从航空公司、旅客、货主扩展到当地居民及相关行业；与此同时机场产权出现多元化，由单一的国有向政府、企业及私人多方拥有转变；运营方式也向商业化、企业化拓展。

我国的航空港在市场定位上基本上以传统的公益性为主，机场的运营方式差异也不大。机场的运营完全围绕航班进行，非航空业务开发只处于很初始的阶段，

即基本上都采用传统运营收入模式。在航空港的规划建设中，政府一般直接或责成综合管理部门牵头成立临时专门组织抓机场的规划建设，这样在航空港与城市交通特别与城市轨道交通都能实现高效的换乘衔接。因此，借鉴航空枢纽的换乘衔接建设，对于未能形成统一管理协调平台的城市，在公路客运换乘枢纽的发展中，为综合考虑一体化客运的发展，提高综合客运体系运行效率，可以借鉴航空枢纽换乘衔接建设经验，建议由政府直接或责成综合管理部门牵头成立专门机构，负责客运换乘枢纽的规划建设工作。

3）随着国家交通行政管理体制改革的深入，改革现有的交通行政管理体制，整合各种交通资源，逐步推行决策、执行、监督相协调、集中统一的大交通管理模式

机构设置从分散走向集中，建立综合交通运输管理体制是国外交通运输管理的一个重要特征。目前大多数经济发达国家的交通管理机构设置都采用集中管理模式，即中央政府设置交通部或运输部，统管全国的水、陆、空各种运输方式的运输事务。国外的经验表明，这种集中管理的机构设置是随着交通运输发展逐步演变而成的。例如，日本与美国的交通运输管理过去都是由政府的各个部门分管，没有一个统一的政府部门主管交通事务，政府难以对各种运输进行综合管理和协调，从而影响了国家宏观调控效能的发挥，也影响了综合交通效率的提高。为此，日本、美国先后于 1945 年和 1967 年成立了运输省、运输部，使中央对交通运输的管理从

分散走向集中，以保证政府统一协调和发展各种运输方式。事实证明，这种集中的管理体制对于建立一个协调、高效的现代化运输体系是行之有效的。

随着我国交通管理体制改革的不断深化，建立综合交通管理体制的条件也将逐步成熟。为使铁路、公路、水运、航空以及城市交通能在社会主义市场经济中相互补充、协调发展，形成高效换乘衔接的发展局面，迫切需要在中央和各级地方政府建立一个综合各种运输方式的行政机构。作为政府统管交通业的职能部门，从国务院到省(区)、地市各级政府均只设一个交通主管部门。综合运输管理机构为国务院统管全国交通业的职能部门，其主要职能是：根据国民经济和社会发展总战略，制定综合运输发展规划、建设投资规划及方针政策、法规，并组织协调，监督实施。

地方综合运输管理为省级政府管辖区内交通运输业的职能部门。其主要职能是：根据全国交通运输发展战略和地区经济社会发展需要，制定区域综合运输发展规划和建设投资，贯彻执行国家交通运输政策法令，并组织实施、协调监督。辖区内各种运输方式都必须服从政府交通主管部门的统一管理。

具体机构设置可以按照国务院"精简、统一、效能"的改革原则，将现有管理运输行业相同或相近的机构进行归并，统一由大交通管理委员会实施管理，自上而下，在中央成立运输部或国家交通管理委员会，下设铁路管理局、公路管理局、航空管理局、管道管理局、航运管理

局、城市公交管理局等机构，地方各级按中央的机构相应设置，对各种运输方式进行统一的规划、建设和管理，改变多家管理、政出多门的局面，以实现各种运输方式的有机接驳。

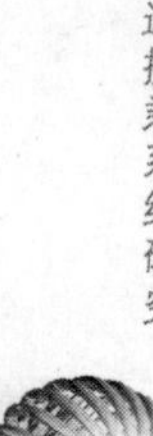

7.2.2 综合客运科技进步

目前我国综合客运交通行业的科技进步的水平还有待于进一步提高，特别是不同运输方式之间的信息资源共享水平较低，而要提高综合客运的运营效率，信息科技进步是必备体条件之一。因此，在发展综合客运的过程中，需要加快综合客运交通科技进步特别是信息化的发展步伐，逐步建立以企业为主体的科技创新与技术进步体系，为结构调整和行业发展提供强大的动力。

信息化社会的发展要求交通运输必须形成智能型的综合交通体系。运输服务的运营者、服务者和利用者都需要从综合交通体系中获取相关信息，运输方式之间的有效搭乘转换更需要客运信息资源的共享，这些信息的采集和处理都需要一个综合系统，并进行辅助的管理和决策，这就要求各种运输方式在信息处理上是统一实施的，但是在系统的建设过程中，需要承认不同运输方式之间确实存在较大的区别，不可能有一个包罗万象的系统来完全取代传统的各种运输方式的客运系统，在充分发挥不同运输方式特点的同时，在交通的管理者、运营者和使用者与各运输子系统之间建立一个统一的、无缝衔接的平台。

7.3 公路客运换乘枢纽建设资金分析

7.3.1 增加公路客运换乘枢纽建设交通补助

公路客运换乘枢纽属于准公共物品范畴，建设投资大、回报率较低，纯粹依靠市场是不能有效提供的，需要政府首先提供一定的引导性资金，弥补市场缺陷，以增强其融资能力。在公路客运换乘枢纽的投资建设中，需加大政府对公路客运换乘枢纽的投资和补贴力度。除客运附加费外，交通部和交通厅建议增加其他交通税费用作公路运输枢纽建设的补贴资金，与客运附加费共同形成稳定的政府资金渠道，地方政府财政也应有一定资金量投入公路运输枢纽建设。

公路客运换乘枢纽相对于普通客运站场来说，由于增加了不同交通方式的换乘转换设施，在建筑设计及配套设施的建设中必然增加了相应投资。如北京六里桥客运主枢纽在建设过程中，按照综合运输一体化发展要求进行枢纽设施的配套建设，形成了集公交、长途、出租、地铁为一体的国家级省际公路客运枢纽。目前一期建设总体投资 23900 万元，据调查，六里桥客运主枢纽的客运换乘衔接配套设施的建设与日常维护占据了8000万左右，占该枢纽一期工程建设的 1/3 强，该部分资金的投入势必增加客运企业的运营压力。因此对于综合公路客运换乘枢纽的建设来说，考虑客运换乘设施的建设，交通部在推动国家公路运输枢纽的建设过程中，需要改变补贴资金的投入方式，针对综合公路客运换乘枢纽各部分功能的不同，有重点地进行资助，避免“一刀切”。

这里值得一提的是，德国政府在两德统一后给予了枢纽建设突出的重视，甚至超越了交通线路的建设。为了调动企业开发枢纽的积极性，采取了除土地、税收优惠政策等一系列资助措施，例如，中央政府对列入国家重点规划的项目进行科研资助，地方政府对率先开发规划项目的运营企业在其开发建设后，还对其地上部分的建筑设施以及设备给予18% ~35%的资助。

经过主枢纽规划建设10年来经济社会的发展，公路客运换乘枢纽站场的建设成本不断提高，中央和地方政府原先的资金补助已显得杯水车薪，严重影响了政府的管理影响力。在市场经济的今天，政府应该更加重视将资金投在哪，而不是投多少，应该根据场站的建设内容不同，根据功能予以资助。建议借鉴德国政府对枢纽建设的资助政策，在国家公路运输枢纽客运站场中加以轻重缓急的区分，结合国家公路运输枢纽示范工程的选取，加强综合公路客运换乘枢纽建设资金的引导。

7.3.2 地方政府给予财政扶持和优惠

作为城市基础设施的重要组成部分，公路客运换乘枢纽对于缓解城市交通压力、提高城市资源的充分利用都将发挥重要的作用，且不论是何种形式的一体化，它都必然与城市公共交通相衔接，并进而有效改善城市公共出行环境。因此，从这个意义上讲，公路客运换乘枢

纽也应享受城市公共交通所拥有的优惠待遇，即获得地方财政扶持及相关优惠政策。

目前，城市公共交通从地方政府获得的优惠主要体现在用地、补贴等方面。如重庆市人民政府 2006 年 10 月 14 日颁布的《关于改革主城区公共交通汽车客运营运与管理体制的决定》（渝府发〔2006〕123 号）中明确指出"主城区各类公交客运企业，均享受国家和重庆市规定的税费支持政策。……对各类公交客运企业承担市政府规定的社会公益性运输任务（包括老年人、残疾人、残废军人免费乘车，学生和成人月票乘车等）所增加的支出，进行成本和费用的年度审议与评价，……税费支持政策和财政补贴办法由市财政部门会同相关部门制定。"在用地方面，"按照《国务院办公厅转发建设部等部门关于优先发展城市公共交通意见的通知》（国办发〔2005〕46 号），政府对公交客运站场设施给予必要的资金和政策支持。在符合土地利用总体规划和年度建设用地计划的前提下，对符合站场建设规划及划拨用地目录的公交客运站场设施建设用地优先安排，且采取划拨方式供应。任何单位和个人不得挤占公交客运站场设施用地或随意改变土地用途。政府对站场公司的财政性资金支持作为国有资本投入，在市财政部门、市交通行政主管部门、市国资监管部门的监督下用于公交站场建设。"

可见，对于公路客运换乘枢纽而言，地方政府财政扶持和优惠也应当成为其资金来源的重要部分，特别是在公路客运换乘枢纽不具备自我投入能力的建设初期，

地方政府应参照城市公共交通适当给予扶持和优惠，其形式可以是地方政府财政补贴、减少征地费用、给予用地宽松度（用于多种经营）和对企业税收优惠与低息贷款或无息贷款形式，或者作为政府投资等。

7.3.3 增强企业资金自筹能力

企业是市场经济运行的主体，市场经济条件下的融资主体也应该是企业。企业自筹资金是公路主枢纽建设资金的重要组成部分，要破除靠政府投资的依赖思想，鼓励现有场地原所属企业利用自有资金或与其他企业联合筹集资金，投入场地建设。

7.3.4 争取国家政策性银行贷款

银行贷款是公路客运换乘枢纽建设资金来源的重要渠道，目前，国家公路建设贷款主要来自于工、农、中、建等商业银行及国家开发银行。而其中，由于国家政策性银行具有国家政策扶持的优势，尤其应强调争取国家政策性银行贷款。

国家政策性银行的优惠主要表现在贷款利率、资金成本、融资风险、还款方式等方面，鉴于公路客运换乘枢纽的属性，与之最为对口的国家政策性银行为国家开发银行。国家开发银行成立于 1994 年 3 月，其任务是按照国家法律、法规和方针政策，筹集和引导境内外资金，向国家基础设施、基础产业和支柱产业的大中型基本建设和技术改造等政策性项目及其配套工程发放贷款，从资金来源上对固定资产投资总量进行控制和调节，优化

投资结构，提高投资效益，促进国民经济持续、快速、健康地发展。公路客运换乘枢纽作为城市基础设施，在发展过程中，积极争取政策性银行的贷款，将有利于客运换乘枢纽的发展。

7.3.5 积极引导社会民间资本的投入

一些国家的经验表明，在人均 GDP 超过 5000 美元的国家，中央政府在公共投资中所占比重都在 50% 以上，且人均 GDP 与中央政府投资分额成反比。就连印度这样的低收入国家，在城市基础设施投资中，私人投资已经占到 25%，预计到 2006 年将达到 45%。因此，伴随着中国人均 GDP 水平的不断上涨，民间投资在基础设施中的比重将逐渐上升。

目前，我国在尝试利用民间资本进行一些规模相对较小且盈利潜力较大的城市公共基础设施建设方面已有一定经验，即借鉴英国模式，全面放开市场、引入竞争，这类的项目主要包括自来水厂、污水处理厂、煤气厂、供热站等；而对于一些大中型的、本身具有一定盈利性或者盈利性相对较差、公益性相对较强的基础设施项目，由于其投资回收期长、投资收益率低，如公路客运换乘枢纽等项目，仍需要以国有经济为主体，但是应充分发挥市场资源配置作用，坚持投资多元化的思路，多渠道筹措建设所需资金，从而使民间资本发挥其重要的补充或辅助作用，民间资本可以以参股、进入其附属经营项目等多种方式参与。

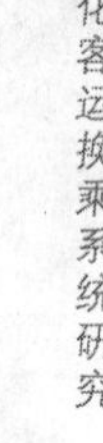

7.4 公路客运换乘枢纽发展策略

7.4.1 加强规划前期组织工作

作为前期问题，公路客运换乘枢纽的规划、建设直接关系到后期的运营。各级交通主管部门要认真履行职责，强化规划前期组织工作，要坚持前瞻性、功能性、经济性的统一，既满足近期交通需求，又满足远期发展需要。为此，需要从以下几方面着手：

1）规划先行

客运换乘枢纽大都出现在城市的航空港、铁路客运站、公路客运站、商业中心区等地方。由于各种交通设施的建设时间存在先后，且各具不同的布局特点与要求，因此只有在统一和超前规划的指导下，赋予必要的法律地位才能避免不利的换乘建设，为了实现不同运输方式的高效搭乘转换，制定好区域公路客运换乘枢纽的发展规划具有至关重要的作用。

2）接驳交通衔接配套

公路客运主要是解决城市的对外交通联系，为了提高公路客运换乘枢纽的运营效率，在基础设施建设时需要结合枢纽的客流特征，以运能匹配为约束条件设置接驳交通，一般需要配套预留地铁（有地铁规划）、公交、出租、公共停车场等设施，以提高客运的接驳集散效率。

3）系统空间设计

客运换乘枢纽一般都建在城市的重要地段，为有效

利用土地，减少房屋拆迁，避免对周围环境产生严重影响，充分节约旅客换乘时间，换乘枢纽要尽量在同一空间进行布设。公路客运换乘枢纽的系统设计主要是枢纽的平面布局设计、功能设计、立面设计以及不同运输方式换乘衔接的设计等四个方面。

7.4.2 明确责任主体，由部门行为转变为政府行为

公路客运换乘枢纽规划建设是一个系统工程，要与各种运输方式相衔接，与城市交通相配合，需要协调各有关部门才能较快地推进规划的实施进度，特别是要取得城市规划部门、土地管理部门的支持以及铁路、城市公交等部门的配合。相对普通客运站场，综合公路客运换乘枢纽内包括了两种以上的交通方式，要实现与城市轨道交通、铁路车站的无缝接驳，系统建设公用换乘配套设施，在目前相对分散的交通管理体制下难以实现。因此，对于综合公路客运换乘枢纽，规划建设要由部门行为转化政府行为，将公路客运换乘枢纽规划纳入城市总体规划，由地方政府主导，参照航空港的建设，由政府直接或责成综合管理部门牵头成立临时专门组织抓规划建设，协调综合交通相关部门，这方面广东等省份的经验值得借鉴。

早在 1991 年 3 月，广东省人民政府发布《广东省社会公用型汽车客运站管理规定》，首次明确汽车客运站应纳入城市总体规划。经过十年努力，目前大多数市、县的站场建设都已纳入了城市总体规划，从而加快了站场建设进度。以深圳公路主枢纽福田客运站为例，原规

划的福田客运站已建成，但由于城市道路建设使站场进出困难，旅客乘车不便，致使站场经营效益欠佳。目前，结合地铁建设，城市规划进行调整，将建设占地面积8万平方米，建筑面积10万平方米的福田综合交通枢纽中心，将地铁、公路客运站、城市公交、出租车集为一体，真正实现旅客运输的立体无缝接驳。广州、深圳、顺德、东莞等地新建的客运站，都占用了较大面积的土地，充分考虑了客运站的交通组织，实现了与城市交通的无缝衔接，这与政府在运输枢纽规划建设中发挥的作用是分不开的。另外像浙江宁波市，成立了以市长挂帅，交通、铁路、民航、工商、海关、公安等有关部门领导组成的管理委员会，协调解决站场建设、经营及管理中遇到的各种问题，极大地促进了站场建设和功能的发挥。

7.4.3 强化公路客运换乘枢纽的布局选址

由于大城市城市化发展速度的加快，交通与土地使用之间的矛盾加剧。目前，许多新建的公路客运站都存在向外迁往城郊的趋势，且部分老客运站也因城市土地规划要求而面临向郊区搬迁，造成客运站远离客源，进而导致后期客源不足而使客运站效益下降甚至没有效益、面临亏损，同时公路客运站外迁给旅客的出行带来居多不便，如增加了旅客的出行换乘次数与出行时间，并且由于城市公交、出租车等接驳交通配套不力，严重弱化了公路客运的竞争力，这给道路运输业的发展带来极大威胁。

几年来的客运枢纽建设经验表明，站场选址是规划成功与否的重要环节。站场选址的区位优劣直接影响到客流量多寡，从而对未来站场经营的综合效益产生巨大影响。因此，在发展公路客运换乘枢纽过程中，强化布局选址。布局选址要充分考虑设站区域的人口密度、出行概率和集疏方便，尽可能减少中转换乘，实现顺向乘车。诸种不同交通方式之间的搭乘转换，结合公路客运换乘枢纽设置运量标准，明确枢纽内不同交通方式的换乘接驳方式，实现人便于行。

以成都为例，为有效发挥公路客运站场的功能，成都市政府出面，协调公交部门，在紧邻客运站处同步建设公交总站，并开通多条公交线路，大大方便了乘客，提高了车站的利用率，从而最大限度地发挥了客运站建设的效益，满足了旅客方便出行的要求，取得了较好的效果。另外，广州市芳村客运站选址在地铁站一侧，并在市政府的协调下由交通、地铁、市政三家共同建设一座连接客运站和地铁站的廊桥，有效地发挥了客运站的功能，减少了对城市交通的干扰，取得了良好的经济效益和社会效益。又如上海，规划时选择站址充分考虑邻省进出上海的公路主通道，规划的三个主站，要求位于铁路客站旁，与轨道交通和市内公共线网衔接，便于旅客换乘分流。七个辅站要求位于居民集聚区，周边轨道交通或公交线网完善，便于旅客集散。再如深圳罗湖汽车站由于毗邻罗湖口岸与深圳火车站，其区位优势十分明显，站场设计能力为日发旅客 1 万人，通过高水平管理，列车式发车方式，日均旅客发送量达 2.5 万，高峰期高达 6.7 万人，经济效益相当可观，目前与深圳地铁建设

相配合，城市规划也准备在罗湖建立综合客运枢纽。再如武汉制定了《武汉市道路客运交通一体化方案》，《方案》按照客运交通“一体化”的思路，对全市公路客运枢纽规划布局进行适当调整，拟在武汉市中环线城市出口路附近建设若干客运枢纽站，实现公路客运与城市公交、出租车的对接换乘，并与铁路、航空及城市轨道交通有机结合起来，做到各种运输方式的资源共享、有机衔接、合理分工，促进全市公路客运、城市公交客运以及未来的轨道交通协调发展。

7.4.4 制定公路客运换乘枢纽站的建设标准与规范

客运换乘系统的建设是一个系统工程，它不仅有管理要素，更重要的是包括了技术、经济和人文等因素，系统的建设涉及多个部门和多个学科，具有很强的社会性、综合性与交叉性。而目前我国对于这样一个系统——公路客运换乘枢纽建设，缺乏相应的技术标准来规范与指导，换乘枢纽的建设主要还依据交通部站场建设标准进行，目前客运站的建设标准规范《汽车客运站级别划分和建设要求》(JT/T200－2004)以及《汽车客运站建筑设计规范》(JGT60－99)，对客运枢纽换乘衔接的基础设施建设缺乏相应的指导与规范，综合客运枢纽内基础设施的配套、运输方式间的搭乘转换建设没有依据，缺乏综合客运枢纽共性技术标准规范体系，原客运站建设标准规范已不能适应现代换乘枢纽的建设要求。在建设过程必然对运输方式之间的换乘衔接问题考虑不足，严重影响运输方式之间的搭乘转换效率。建议结合国家公路运输枢纽示范工程的建设，尽快制定出台公路客运枢纽建设标准规范，以指导地方公路客运换乘枢纽的发展。

7.4.5 开展老、旧客运站的退出机制问题研究

新的公路客运换乘枢纽的建设一般会碰到周边旧站的退出问题，旧站的退出主要是指针对不符合规划、与城市发展不协调、交通影响严重、选址不当的客运站，将这些客运站撤销关闭。当前一些国内一些新客运换乘枢纽建成后如北京六里桥客运站、汕头汽车客运中心站，由于周边旧站没有及时撤销，严重影响客运换乘枢纽的正常运营，也挫伤了企业建站的积极性。实践表明通过政府行为依法取缔不适应城市发展规划和公路枢纽总体布局规划的客运站是保障城市可持续发展和公路枢纽顺利建设的必要措施，这也是全国许多公路主枢纽城市客运站建设的成功经验，如广州第一个现代化客运站——广州天河客运站建成后因为周边存在若干规划外的客运站而被闲置两年多。为维护投资者的合法权益、保障公路主枢纽建设顺利进行，广州市政府于 1997 年 10 月通过政府公告将天河客运站覆盖范围内的锦汉客运站等所承担的广梅汕方向客运班车调整到天河客运站，撤销了周边规划外的客运站点。目前天河客运站已发展成为广州重要的对外客运枢纽。广州市政府保障了天河客运站投资者的利益，也推动了广州公路主枢纽建设的快速发展，在天河客运站后相继建成在全国具有示范性作用的方村汽车站、海珠汽车站等，使广州公路主枢纽建设保持在我国 45 个公路主枢纽城市的前列。

由于公路客运站布局调整涉及多方利益重新分配问题，实施过程必然得到被撤销客运站方面的抵制，因此不少城市在撤销客运站点时吸纳被撤销客运站参与新的公路客运换乘枢纽建设或者按照一定的标准、重新上岗培训的方式接收旧客运站的职工的模式解决旧站下岗职工就业问题，这两种模式值得推广，这样既保障原有企业经济利益不受太大损失，也为客运站建设提供了资金与人力资源。

7.4.6 加强组织领导与监督检查

公路客运换乘枢纽作为发展综合客运的关键点与切入点，它的成功建设对于城市综合交通的发展具有重要意义。在没有形成大交通管理格局的当前，要切实加强公路客运换乘枢纽的组织领导工作，动员社会力量共同做好这项工作。地方交通主管部门需要紧密协调有关部门，在用地、资金与建设管理方面加强与城市相关部门的协调与配合，在推进公路运输枢纽客运站场的规划建设过程中认真实施有关政策措施，把公路客运换乘枢纽的建设作为发展城市综合交通的重要内容切实抓好。行业管理部门加强监督检查与评估指导，积极推广客运换乘枢纽建设成功经验，对取得明显效果的城市给予表彰，引导各地做好公路客运换乘枢纽的规划建设与运营工作，以促进城市的健康持续发展。

7.4.7 争取土地、税收等政策支持

土地是政府可控的最大资源之一，也是最为宝贵的

资源,对于企业来讲,土地又是项目投入中最大的负担。如何运用土地政策达到加强宏观调控、保持公路客运换乘枢纽项目的土地使用性质、扶植企业发展和促进地方经济发展的目的,是地方政府在公路客运换乘枢纽建设中应重点研究的问题。

2001 年 10 月 22 日,国土资源部第 9 号令颁布的《划拨用地目录》中,将铁路客货运站场和非赢利性的邮政物流配送中心列入了划拨用地的范畴,这是根据这些设施的公益性很强的特点制定的政策,根据前面对公路客运换乘枢纽站场的经济属性分析,由于综合公路客运换乘枢纽通常需城市轨道交通、城市公交配套接驳,建议应考虑综合客运换乘枢纽的公益性,结合城市公交用地的划拨,制定土地及税收优惠政策,充分体现地方政府对于公路客运换乘枢纽场站基础设施建设的支持。

7.4.8 加大公路客运换乘枢纽的科研投入

加大对公路客运换乘枢纽的科技投入,实现公路客运换乘枢纽发展的科技支撑。对公路客运换乘衔接的理论与方法、综合公路客运换乘枢纽的设计、换乘枢纽的信息衔接与组织平台的建设等组织立项,加大科研力度,积极推广运用先进科技成果,提高公路客运换乘枢纽的运营组织水平。积极引入先进科技成果,提高公路客运换乘枢纽的服务水平、服务能力、服务质量,引导公路客运向现代服务业的积极转变。

附件Ⅰ 北京六里桥客运主枢纽调研

一、基本情况

六里桥长途客运主枢纽工程是北京市总体规划的交通基础设施项目，是北京市重点建设项目之一。北京市被交通部列为5个公路主枢纽建设试点城市之一。六里桥长途客运主枢纽是北京市规划建设的第一个长途汽车客运枢纽，是北京市连接西南方向各省市的公路客运中心，其概貌如图1所示。

图1　北京六里桥长途客运主枢纽

六里桥枢纽省际客运日发班能力1500班次，设有发车站台45个，高峰日备用站台68个，规划14条公交线路通往市区各个方向，设计综合客运日登降量为27.53万人次，其中省际长途为5.88万人次/日。分别设有地铁功能区、公交功能区、长途功能区、出租车功能区、停车功能区、旅游车功能区，是目前国内最为便捷的换乘硬件设施。

枢纽建设基地位于北京市六里桥西南角，总面积13.19公顷，其中可建设用地面积8.16公顷。东距西二环南路约300m、西客站南广场约2000m；北临京石公路及100m宽的城市绿化带。基地恰好位于市内交通圈与市外交通圈的相交部分：东北侧的六里桥立交桥是京石（北京至石家庄）、京深（北京至深圳）高速公路的起点，紧临基地的西南二环是北京市区的主要快速环线。目前，基地附近已有多条市内公共电汽车线路通过。根据北京市规划，丰台经北京西客站至动物园的地铁线路将由枢纽基地北面城市绿化带下通过。因此，基地与北京南、西南、西北、东南各地区及北京市内交通联系便利。

二、枢纽设计

（一）规划布局与交通组织

1）规划布局

根据建筑的使用功能，将它们分为三个区：一是由客运调度指挥中心、司售人员综合服务楼组成调度指挥中心区，这一区属非旅客活动区。由于司售人员综合服务楼中部分商业服务及计时公寓要对旅客开放，因此它又要与旅客区有方便的联系；二是由客运主枢纽站房、公交到发站、社会车辆及出租车停车场、站前广场所组成的主站房区，这一区是旅客活动区；三是由驻车场、附属用房组成的长途汽车活动区。各分区在总图中的位置如图2示。

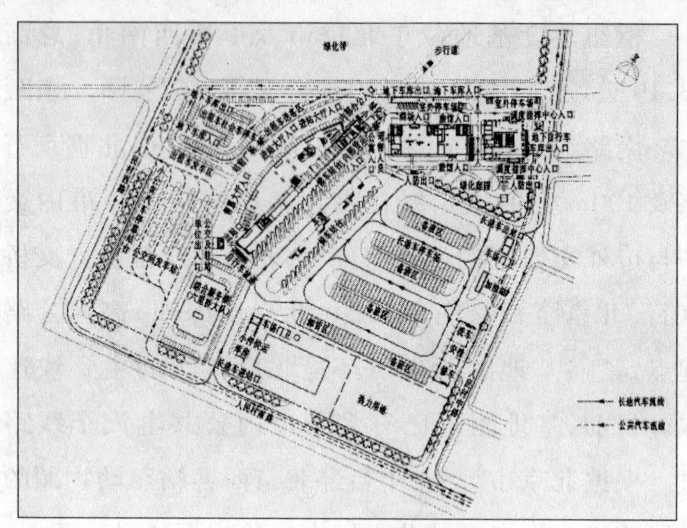

图2　六里桥长途客运枢纽内部平面布置示意图

2）交通流线组织

基地内主要车流包括：长途汽车、公交车、接送客出租车、其他接送旅客的社会车辆、内部办公区车辆、自行车等。人流主要包括：到站人流、离站人流、内部办公人流等。设计中先将二大分区的人车流线分开组织，形成各自独立的系统。然后，重点分析、解决人车流状况最为复杂的主站房区。

公交车辆流线：公交车到发站设在靠近主站房西侧。公交车经西二环南路从基地西南侧进入站场，接送旅客，自基地西侧离开站场，经京石公路到六里桥掉头转至市内各方向旅客从主站房到公交到发站步行距离最近 30m、最远约 100m。

主站房区出租车、社会车辆流线：车辆经西三环南路从基地西北角进入站前区，接送旅客，自西向东穿过基地北侧单行线，向北经京石公路到六里桥，向南至西三环南路。送客的出租车、社会车辆在站前广场前沿紧接主要

进站口处有长 100m 左右的落客岸线，可同时停车 15 辆。接客出租车在距出站口约 60m 处有接客停靠岸线，可同时停车 15 辆。站前广场前设有出租车及社会车辆停车场。主站房地下一层设有停车场，供社会车辆使用。

调度指挥中心区出租车、社会车辆流线：车辆经西二环南路从基地东北侧进入调度指挥中心区，通过区内环线到达各主要出入口，从北侧出口离开该区。

非机动车流线：自行车可从东、南侧路进入站场，在主站房、调度指挥中心的地下一层设有自行车车库。

地下铁路流线：地铁线路规划在基地北面的城市绿化带下并在此设出入口，考虑到将来地铁开通后所带来的大量的客流，在主站房旅客进、出站口之间预留地铁出入口；在主站房与绿化带之间设人行过街桥，加强枢纽与绿化带内地铁出入口的联系。

六里桥客运枢纽内交通流线示意图如图 3 所示。

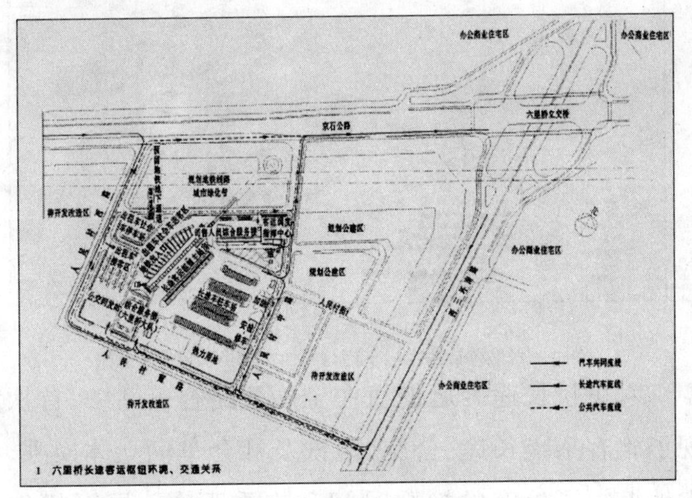

图 3　交通流线示意图

（二）枢纽换乘衔接方案

该站的突出特点主要体现在三个方面：一是交通方式的分层布置，地上一层主要为长途客车到发区、候车大厅和出租车站台；地下一层为社会车辆停车库、公交换乘区；地下二层则为地铁通廊，直接与规划中的地铁九号线六里桥站相连。二是旅客不用出楼即可实现各种交通工具的立体换乘，且平均换乘距离不超过 60m，平均换乘时间不超过 10 分钟。三是运营组织无缝衔接，该站投入运营后，站内公交、出租车、社会车辆停放均由客运站统一管理，改变了以前各自组织运营的模式。六里桥长途客运枢纽换乘衔接情况如图 4 所示。

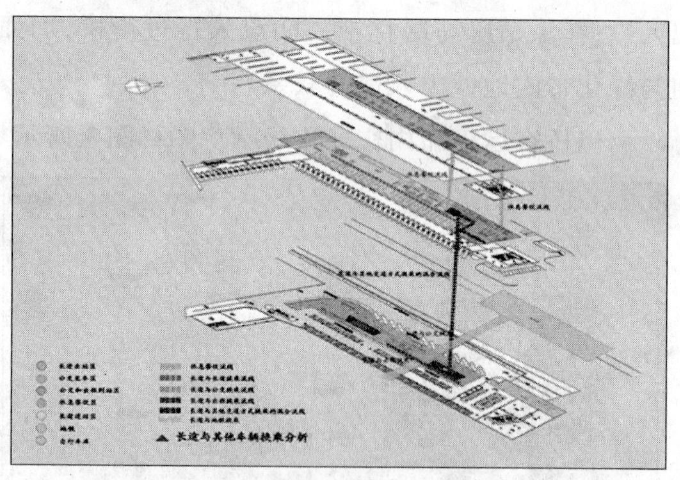

图 4　六里桥长途客运车辆与其他车辆换乘分析示意图

六里桥长途客运枢纽在全国公路客运站中，首次实现了旅客乘坐长途、公交、地铁及社会车辆立体换乘，极大地缩短了旅客的换乘时间和换乘距离。同时枢纽将通过高新信息技术的利用，彻底消除旅客服务中的盲区和空白，使旅客充分享受购票、食宿、旅游、交通向导的一站式服务，免除奔劳之苦。枢纽将在设施中充分满足旅客的细节需求，如设置动态信息屏，盲人、儿童专用设施等。

与民航、铁路枢纽并驾齐驱的公路枢纽：首都机场是北京与国际、国内连接的现代化航空枢纽港站；北京站和北京西站是北京通过京沪、京广、京哈等铁路干线与国内各重要城市连接的现代化铁路枢纽站。目前北京还没有通过二纵二横，三条重要路段（同江至三亚、北京至珠海、连云港至霍尔果斯、上海至成都、北京至沈阳、北京至上海、重庆至北海）的国道主干线与国内各大中城市连接的现代化公路枢纽站。建成的北京六里桥客运主枢纽将成为首都现代化的三大旅客出行窗口之一，它将大大改善道路旅客进出北京的出行条件，为促进繁荣首都经济，增加与外埠人民的交往创造条件；为北京加快实现国际化大都市，实现现代化大交通的设想提供基础。

在枢纽与城市交通网的衔接方面：通过对公交车场、出租社会车车场、地铁出口、自行车库的定位和设计，使到、离站的旅客能通过站前广场的步行系统，方便快捷地搭乘这些交通工具，将枢纽与市区公共交通网紧密联系起来。

在枢纽与城市外部交通网的衔接方面：设计了微机系统，可实现与其他公路客运站、铁路、民航、海运的联网联运。枢纽建成后，可实现远程售票，旅客可在城市内多个网点买到客票，并可通过联运，转乘其他交通工具。根据将来的运营状况，可考虑设置直达其他交通枢纽的专线车，实现方便换乘，充分发挥各种交通工具的效率。

三、投资建设与运营管理

北京六里桥客运主枢纽由北京祥龙资产经营有限责任公司和国投交通实业公司共同注册的北京浩达交通发展公司投资建设，并进行经营管理。枢纽于2003年8月开工建设，2004年11月竣工并投入试运营。六里桥客运主枢纽是目前北京市首个省际长途客运与市内公交无缝衔接的综合换乘枢纽。该枢纽在设计时已尽量使各种公共交通线路汇合于一点，在管理上建议实行统一客票及联运的方式，以加强各种交通工具的连续性。该站投入运营后，站内公交、出租车、社会车辆停放均由客运站统一管理，改变了以前各自组织运营的模式。

1）枢纽投资

项目一期总投资23900万元，在枢纽建设过程中，全部资金的筹措方式为银行贷款及股东借款。

2）枢纽建设

征地完成后的建设分为二个阶段：

第一阶段为1997~2000年。在此期间，各种手续和建设程序均按政府部门要求进行，并已经取得了主站房的建设规划许可证，但之后被否定。

第二阶段为 2001～2004 年。市政府要求重新对项目进行功能定位及设计招投标，并设定了项目名称——六里桥综合客运枢纽，出台了六里桥综合客运枢纽规划设计条件。浩达公司据此进行了设计招投标并通过了专家评审。之后按规定的建设程序进行，直至投入试运营。

3）枢纽运营

根据枢纽内的五种运输方式规划，公路长途客运设计日发送班次为 1500 班、公交线路 14 条（地铁 9 号线 2010 年建成）。但目前实际日发班次 350 班，公交线路 2 条，造成大量资源闲置。

四、旅客调查

（一）问卷设计

为进一步了解北京六里桥长途客运枢纽的发展状况、旅客需求的基本特征，项目组于 2006 年 11 月对六里桥公路客运枢纽内的旅客进行了抽样问卷调查，调查内容主要包括以下几个方面：

（1）旅客的社会经济特性，包括其职业、收入水平等；

（2）旅客出行目的划分，如回家、出差、经商、上学、旅游、探亲等；

（3）旅客在六里桥客运枢纽的换乘情况，包括换乘次数、运输方式选择以及在枢纽站内等待时间、换乘步行距离等；

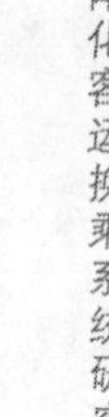

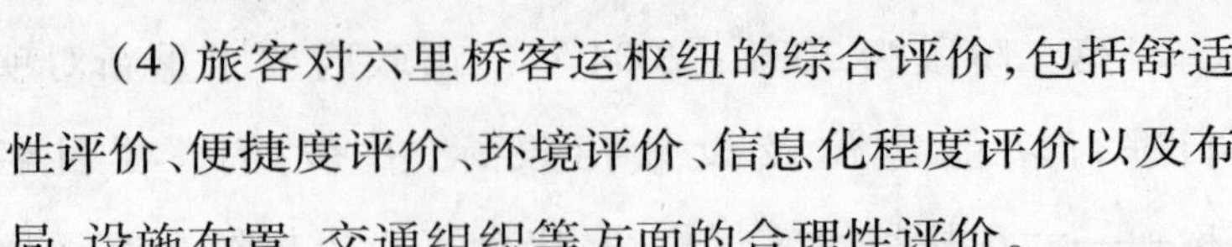

(4)旅客对六里桥客运枢纽的综合评价,包括舒适性评价、便捷度评价、环境评价、信息化程度评价以及布局、设施布置、交通组织等方面的合理性评价。

(二)调查结果

1)旅客基本特征(表1、表2、表3)

旅客职业结构分布情况 表1

职业	商人	农民	自由职业者	公务员	工人	军人	学生	无业者	其他
比重(%)	20.5	19.7	16.2	12.8	12.8	3.4	2.6	5.1	6.9

旅客收入结构分布情况 表2

收入	无收入	低于3000元	3000~6000元	6000~10000元	1万元以上
比重(%)	25.5	47.3	17.2	4.5%	5.5%

旅客出行目的分布情况 表3

目的	出差	回家	打工	访友	旅游	其他
比重(%)	22.4	19.8	16.4	15.5	6	19.7

2)旅客换乘情况

(1)旅客到达该站需要换乘次数的分布情况如表4所示,换乘次数以1次为主,占42.1%;不需要换乘和换乘次数为2次的,分别占21.9%和13.2%;换乘3次及以上的占22.8%。

(2)旅客到达该站选择的运输方式主要为乘坐公交车与出租车,分别占33.6%与36.1%,乘坐私家车的占9.0%。

(3)旅客到达该站后再换乘长途汽车出行者居多,占60.9%。

(4)旅客在站内候车时间的分布情况如表5所示,候车时间超过1h的占72.4%,其余依次为30~60min(13.8%)、15~30min(11.2%)、0~15min(2.6%);

(5)旅客在枢纽站换乘步行距离分布情况如表6所示,换乘步行距离大于等于500m者占25.4%,其余依次为200~300m(28.9%)、100~200m(18.4%)、0~50m(10.5%)、300~500m(9.6%)、50~100m(7.0%)。

旅客到达该站需要换乘次数分布情况　　表4

次数	0次	1次	2次	3次	4次	4次以上
比重(%)	21.9	42.1	13.2	8.8	5.3	8.7

旅客在站内候车时间分布情况　　表5

时间	0~15min	15~30min	30~60min	60min以上
比重(%)	2.6	11.2	13.8	72.4

旅客在枢纽站换乘步行距离分布情况　　表6

距离	0~50	50~100	100~200	200~300	300~500	500以上
比重(%)	10.5	7.0	18.4	28.9	9.6	25.4

注:单位m

3)旅客对该站的综合评价

评价结果如表7所示。

旅客对该站评价情况汇总表　　表7

评价结果 / 评价指标	好	一般	差
换乘方便程度	67.0%	26.0%	7.0%
对环境的评价	45.1%	53.1%	1.8%
换乘信息化程度	59.1%	37.4%	3.5%
换乘舒适程度	51.8%	44.7%	3.5%
布局的合理性	38.3%	56.5%	5.2%
交通设施设置合理性	44.0%	53.4%	2.6%
内部交通流组织合理性	34.2%	62.3%	3.5%

(三)调研总结

(1)由于六里桥长途客运枢纽内预留的地铁9号线目前尚未建成,规划进入站内的14条公交线路目前仅实现了2条,使得旅客到达该枢纽站所能选择的出行方式受到了一定限制,给旅客出行造成了一定的影响。

(2)与六里桥长途客运枢纽紧邻的莲花池、丽泽桥等客运站场退出问题尚未得到很好解决,导致六里桥长途客运枢纽目前实际日发客运班次仅为370次,与设计日发送能力1500班次相差甚远,枢纽内资源闲置较为严重。

(3)抽样旅客中选择长途客运出发的占60.9%,表明该枢纽站的功能基本以公路长途客运为主。但旅客等车时间超过1h者高达72.4%,这一方面与该站实际客流量相对不足,发车间隔时间比较长有关;另一方面与该枢纽站与城市交通衔接不够顺畅不无关联,旅客由此也往往会提前到达枢纽站候车。可见,该枢纽的整体功能尚未得到充分发挥。

(4)从旅客在站内换乘步行距离以及旅客对该站的综合评价看,该站的布局设计较为合理,超过半数旅客对站内信息化程度、舒适程度、交通设施设置和内部交通流组织等方面比较满意。预计在枢纽内各种配套运输方式正常投入运营以后,各种换乘设施的优势将得到充分发挥,换乘效率将明显提高,更加便于旅客出行。

五、相关建议

(1)六里桥综合客运枢纽内部各种配套换乘设施具有很强的公益属性,其建设投资在整个枢纽建设投资中占有很大的比重,建议政府应该增加对该综合客运枢纽内部公益性基础设施投资的补贴,以减少客运企业运营压力,同时也有利于公益性基础设施的日常维护。

(2)建议政府主管部门应该加快推动六里桥客运枢纽配套的各种运输方式正常投入运营的步伐,一是可以减少枢纽内因资源闲置而造成不必要的浪费;二是可以促进一体化客运换乘系统的健康发展,便于旅客出行。

(3)建议政府主管部门正确处理好与六里桥长途客运枢纽紧邻的莲花池、丽泽桥等客运站场退出问题,通过有效的资源整合,走集约化发展道路,不断提高运输服务质量,降低运输成本,以实现资源效益最大化的目标。

附件Ⅱ 宁波市客运换乘枢纽专项调研

宁波是一个现代化的港口城市，随着其经济的日益发展和城市化水平的不断提高，宁波的城市交通机动化程度得到了迅猛发展，但同时也产生了诸如交通堵塞、停车困难、换乘不便等一系列交通问题。宁波市交通局于2003年委托交通部科学研究院进行了“宁波市现代交通换乘系统及场站研究”工作，项目组对宁波市汽车客运中心、汽车南站、汽车东站、鄞州汽车客运中心、镇海汽车站、宁波火车南站、宁波栎社机场等主要客运枢纽进行了深入调研，并对换乘枢纽所存在的问题进行了剖析。有关部分客运枢纽的调研情况总结如下。

一、调查分析

1）宁波汽车客运中心

宁波汽车客运中心位于宁波老市区范围内，其功能是以到、发、中转宁波市的中长途旅客运输为主。该站地处杭甬高速公路和甬临线的交汇处，城市外环线附近。随着甬临线改造完成和杭甬高速公路的贯通，以及城市外环线的建成，该站具有十分优越的进出通道条件，设计能力为日发旅客3.1万人次，实际占地160亩。客运中心近期主要承担到发宁波市和鄞县的长途旅客运输，替代现有南站的大部分长途旅客发送功能；中期

和远期将主要承担杭州、南京、合肥等向西方向的以及金华等西南方向的长途旅客运输，客运中心站外景如图5所示。

目前，宁波市汽车客运中心日发班车251次，其中省际普通班车日发127次，占总班次的50.6%，主要发往安徽、江西、江苏、山东、河南等省份；省际直达日发29次，占总班次的11.6%，主要发往常州、苏州、合肥、南京等市；浙江快客、快旅日发47次，占总班次的18.7%，主要发往浙江义乌、嵊州、新昌、金华等地；省内普通班车日发48次，占总班次的19.1%，主要发往浙江绍兴、金华、衢州、丽水四个地区。

图5　宁波市汽车客运中心站

图6　客运中心公交出租车换乘点

根据宁波市客运枢纽换乘调查结果分析：在随机抽取的180份调查问卷中，人们到达或离开汽车客运中心的运输方式主要为地面常规公共交通、出租车及中转的长途汽车，如图6所示。其中地面常规公共交通占83%、出租车占9%、私人小汽车占8%；在换乘转换过程的调查中，有44%的乘客换乘步行距离大于200m、76%的乘客需要经过一至两次的换乘才能到达客运中心；在枢纽站的换乘指示牌设置及信息显示方面，54%的乘客对汽车中心站的接待安排、指示牌设置表示满意、46%的乘客表示基本满意，85%的乘客对于汽车枢纽站的动态信息显示比较满意；对汽车中心站内的换乘设施的建设与布局，90%的乘客表示满意。换乘设施建设如图7所示。

图7 层间转换的自动扶梯

对于枢纽换乘步行的评价和枢纽站的衔接布局评价结果如图8、图9所示。

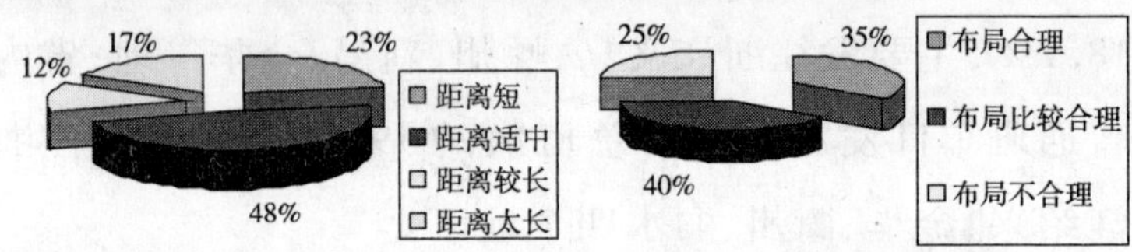

图8 客运中心换乘步行距离总体评价　　图9 客运中心衔接布局总体评价

从以上的分析可以得出：宁波市客运中心作为一个全新的公路枢纽站，其站内换乘设施建设、信息服务建设以及站内布局基本体现了环保、人性、信息、服务的全新理念，基础设施的配套建设也为诚信、绿色、智能、商贸的建站目标奠定了坚实基础，同时出租车换乘管理也体现了以人为本的思想，站前设停靠点、排队等候出口，方便了乘客的换乘。但作为交通系统中的客运枢纽，汽车客运中心存在以下几个问题：

（1）缺乏与枢纽站运能匹配的常规公交车站，在相当长的一段时间内，出租车和地面常规公交将作为客运中心的主要接驳运输而存在，但目前常规公交采取路边停车的形式，缺乏一定规模的公交首末停车站，而且公交停靠点与客运中心的进站口距离较长。

(2)公交线路也有待于增加,需要加强客运中心与宁波市区及其他客运枢纽站点的联系。目前仅有开往汽车东站方向的604路、开往汽车南站方向的501路以及开往鄞州教育园区的367路三条公交线路。

(3)枢纽站接驳方式单一,出租车与常规公交是其主要接驳方式,目前基本上还能适应客流顺利集散的要求。但随着宁波经济的发展,这种适应性将日显脆弱,作为宁波市主要的中长途客运枢纽站,有必要结合轨道交通规划引入大运量快运交通,加强客流集散能力。

2)宁波市汽车南站

宁波市汽车南站是在原客运南站的基础上改建而成。该站位于铁路宁波南站旁,旅客相对集中。随着宁波市汽车客运中心的建成使用,该站的功能已发生变化,由原来的长短途旅客运输转变为以到发宁波市的中短途旅客运输为主,并为铁路南站提供集散疏运和中转换乘服务。其辐射的主要方向为向南的各县市,该站设计日发送能力为3.0万人次,占地规模为100亩。

目前,宁波市汽车南站日发班次合计654次,除了有发往上海、北京两地的班车外,其他的全部为省内班车。其中高速快客、快旅班车日发425次,占汽车南站总班次的65%:其中高速班车186次/日,主要发往上海、杭州、萧山、绍兴、上虞等地;浙江快客快旅85次/日,主要发往温州、温岭、临海、三门等宁波以南的地区;宁波快客154次/日,发往宁波象山、宁海、余姚、溪口四个市县。除高速快客快旅外，宁波汽车南站还承发省内普通班车229次/日：其中主要发往宁波地区和台州地区，两地区占宁波南站省内普通班车日发班次的74.7%。

根据宁波市换乘系统实地调研，结合240份随机调查问卷，得出宁波市汽车南站换乘基本情况如下：人们到达或离开汽车南站的运输方式主要为地面常规公共交通、出租车，其中地面常规公共交通占53%、出租车占27%；在换乘转换过程的调查中，有40%的乘客换乘步行距离大于200m、76%的乘客需要经过一至两次的换乘才能到达汽车南站；在枢纽站的换乘指示牌设置及信息显示方面，35%的乘客对汽车南站的接待安排、指示牌设置表示满意，56%的乘客表示基本满意，83%的乘客对于汽车南站枢纽的动态信息显示比较满意；对汽车南站内部换乘设施的建设与布局，69%的乘客表示满意。另外对于枢纽换乘步行的评价和枢纽站的衔接布局评价结果如图10、图11所示。

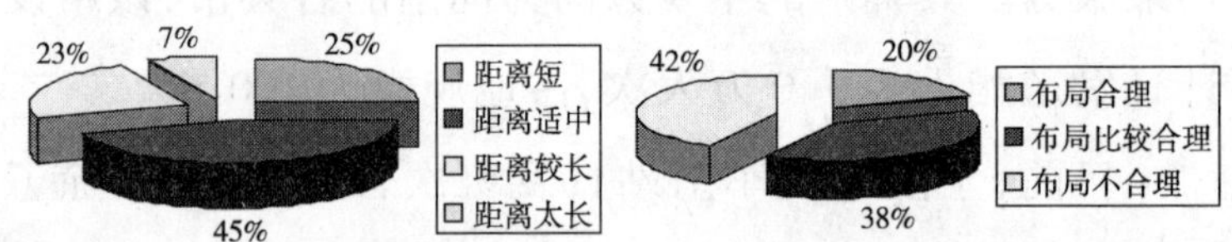

图10　汽车南站换乘步行距离总体评价　　　图11　汽车南站衔接布局评价

根据调研分析，作为与宁波火车站位置毗邻的中短途汽车客运枢纽，汽车南站就整个客运换乘系统而言还存在以下几方面的问题：

（1）汽车南站与火车站需要进行一体化规划、建

设,汽车站出站口位置应设有分道线。如公交换乘通道、出租车换乘通道、去往火车站的行人通道等专用换乘通道,火车站站前广场与汽车南站的连接处如图 12 所示,目前全部为平面交织形式,彼此干扰,影响换乘交通;

图 12　汽车南站的公交换乘区

(2)公交换乘衔接要加强改善,公交途经站点、始发站点要与火车站密切配合、合理布设,公交车次与线路需要增加;

(3)出租车换乘相当不便,缺乏与汽车南站相配套的出租车停车场。由于火车站与汽车南站之间缺少必要的换乘联系通道,出租车换乘汽车南站的旅客首先需要进入火车站站前广场的地下停车库,再返回站前广场,横穿一条马路才能实现换乘。

3)宁波市汽车东站

宁波市汽车东站位于宁波老市区内,该车站主要承担宁波市东出口方向的短途旅客运输,主要辐射方向为宁波市镇海、北仑等地。目前乘客到达宁波汽车东站主要的交通方式为公交与出租车,其中公交占60%左右。车站有专用的出租车停车场,出租车停靠点离车站出站口为20m左右,另外还配有公交首末车站,公交站点离出站口也只有50m左右。宁波市汽车东站外景及东站的出租车换乘见图13、图14所示。

图13　汽车东站外景

图14　东站出租车换乘

在160份的随机问卷调查中,77%的乘客对车站的指示牌设置、动态信息显示表示满意和比较满意;84%的乘客对汽车东站的站内设施(候车室空间、售票厅与候车室的间距及站内的层间转换)布局表示满意。由以上调查结果可分析得出:宁波市汽车东站的换乘设施建设目前基本能满足要求,汽车站与周围公交站点、出租车站点的衔接比较合理。但随着宁波城市东扩进程的加快,宁波汽车东站的客流量将不断增加,东部的镇海、北仑与中心城区的联系也日益紧密,为满足换乘客流不断增加以及实现快速换乘的需要,宁波汽车东站在以下三方面有待于加强:

(1)站前需要布设公交、出租车专用的进出站通道,减少进出站人流的交织干扰;

(2)公交车次与线路需要增加,特别是加强各主要换乘枢纽及市内主要客流集散点的联系;

(3)换乘动态信息显示与换乘指示需要更新完善。

4)宁波火车南站

宁波市火车南站为宁波地区主要客运站,办理全部始发、终到及通过旅客列车作业。该站近期到发线维持萧甬线复线工程规模不变:正线、到发线6条(1条中穿,1条为尽头式),基本站台1座,中间站台2座,客整所由8条扩建为12条;远期到发线数量不变,客整所增加1条整备线。2000年宁波火车南站完成旅客发送量219.6万人,比1999年增长3.98%。其中站内客流141.6万人,直通客流78万人,站内客流继续下降,而直通客流有所增加。这是因为杭甬高速公路的开通吸引了这个方向的大部分中短途客流,但随着宁波长途旅客列车的增开、杭州至宁波间城际列车的开行、路网结构的优化以及铁路提速战略的实施,宁波地区客流量已逐步回升并呈进一步上升的趋势。据宁波市交通统计年鉴,2001年宁波南站旅客发送量达到267.81万人,2002年发送量达到305万人,年均增长率为19.44%。根据宁波地区旅客发送量的变化特征,预测宁波地区旅客发送量2010年为520万人、2015年达到640万人。改建后的宁波市火车南站外景如图15、图16所示。

图15　宁波市火车南站外景图

图16　站前广场地下停车场进口

根据实地调研，结合260份随机问卷调查得出宁波市火车南站换乘的基本情况如下：人们到达或离开宁波火车站的交通方式主要为地面常规公共交通、出租车，其中地面常规公共交通占52%、出租车占22%；在换乘转换过程的调查中，有48%的乘客换乘步行距离大于200m、72%的乘客需要经过一至两次的换乘才能到达火车站；在火车站的换乘指示牌设置及信息显示方面，15%乘客对火车站的接待安排、指示牌设置表示满意，59%的乘客表示基本满意，另外60%乘客对于宁波市火车站的动态信息显示比较满意。对于火车站换乘步行的评价和枢纽站的衔接布局评价结果如图17、图18所示。

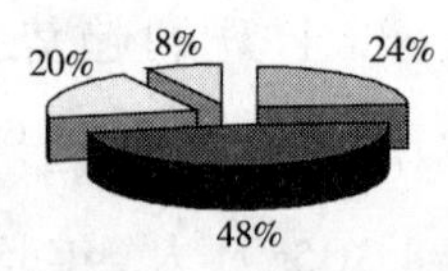

图17　换乘步行距离总体评价

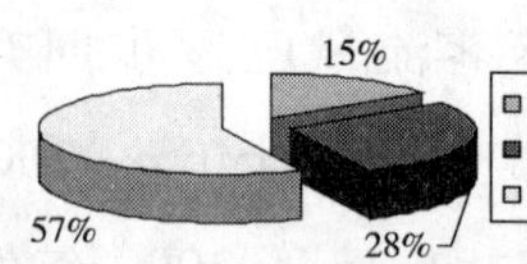

图18　宁波火车站衔接布局评价

为减少交通流的相互干扰，宁波火车南站站前广场于2003年进行了改建，改建后的站前广场下修建了出租车停车场与社会停车场，并且在停车场与站前广场平面之间设置了自动扶梯，这些举措方便了旅客的换乘，

减轻了站前广场交通流的相互干扰程度，同时也有利于出租车与社会车辆的管理。火车站站前广场的停车场与层间转换滚梯如图 19、图 20 所示。

图 19　层间转换的自动扶梯

图 20　站前广场的公交换乘区

但就客运换乘枢纽建设而言，宁波火车南站还存在以下几方面的问题：1）火车南站与汽车南站的站外换乘设施要求统一规划、统一建设，公交、出租车、两枢纽站之间的行人交通应当匹配专用换乘通道，以便合理组织站前广场；2）需要加强站前广场的公交设施建设，如建设方便旅客换乘的公交换乘站台、增加公交车站车次与线路，目前站前广场的公交与两个枢纽站（火车站、汽车南站）的运能不匹配，常出现客流滞留现象，站前广场公交换乘区见图 20 所示；3）火车站的换乘指示、换乘标示需要进行更新完善，换乘指示牌要求规范，大小合理，适当在车站出入口和换乘通道进入口布设；4）结合宁波市交通信息化发展规划，加强火车站枢纽换乘信息系统的建设。远期应结合城市轨道交通建设，实现火车南站、汽车南站与轨道交通、公共交通的综合换乘。

二、调研总结

现代经济社会的发展客观上要求实现各种运输方

式的有效衔接，只有发展现代综合运输体系，充分挖掘现有交通基础设施的潜力，发挥各种运输方式组合效率和组合优势，才能实现客运一体化发展。通过对宁波市汽车客运中心、汽车南站、汽车东站、宁波火车南站四个客运枢纽的调研分析，项目组认为，这些客运枢纽的建设运营现状与一体化客运的发展要求还有一定的差距，存在的问题具有一定的普遍性。因此，为加快形成高效、安全、便捷的客运换乘系统，实现客运一体化发展，建议从以下几个方面进行改善。

(1)接驳运能不匹配，换乘设施不便利等问题在各枢纽站普遍存在，这些问题也成了制约各种运输方式在客运枢纽内实现高效衔接的主要瓶颈。所以，建议将接驳的各种运输方式之基础设施与相互之间的换乘设施进行统筹规划和统一建设，使规模测算、功能划分以及设计施工等各个环节满足客运一体化的发展要求。

(2)当前，分散型的交通运输管理体制仍旧是我国交通运输管理体制的主体，一体化客运换乘系统的发展离不开各种运输方式相关主管部门之间的有效协调。所以，建议各地政府主管部门树立“大交通”的理念，采取合理有效的措施，保证客运枢纽配套接驳的各种运输方式如期正常投入运营，确保规划实施的有效性。

(3)加强客运枢纽内换乘信息系统的建设。信息系统是保证客运枢纽高效运转、提高服务水平、促进一体化客运发展的有效手段之一，而目前我国客运枢纽在信息系统建设方面却一直比较薄弱，因此相关主管部门必须更新观念，重视信息化建设。及时、准确、有效地在客运枢纽内为旅客提供充足的换乘信息，方便旅客出行，提高换乘效率，为实现一体化客运提供软件上的支持。

主要参考文献

[1] 覃煜等.铁路客运与市内公交衔接协调性的评价分析[J].武汉交通科技大学学报,2004.

[2] 孙小年,姜彩良等.宁波市现代换乘系统及场站布局研究[R].北京:交通部科学研究院,2004.6.

[3] 周伟,姜彩良.城市客运交通换乘衔接问题研究[J].北京:交通运输系统工程,2005.10.

[4] 姜彩良.城市客运交通换乘衔接研究及对策分析[D].西安:长安大学硕士学位论文,2004.5.

[5] 胡列格等编著.交通枢纽与港站[M].北京:人民交通出版社.2003.

[6] 袁虹,陆化普.综合交通枢纽布局模型与方法研究[J].公路交通科技,2001.6.

[7] 姜帆.城市轨道与其他运输方式衔接的研究[J].北方交通大学学报,2001.8.

[8] 周立新,李英等.城市轨道交通系统的换乘研究[J].学术专论第四期.2001.2.

[9] 席庆等.交通运输枢纽中客运站点布局问题的研究[J].西南交通大学学报,1999.6.

[10] 张于心,张国伍.大城市"对外交通系统"研究的理论与方法[J].北方交通大学学报,1990.

[11] 王璇,束昱.国外地铁换乘枢纽站的发展趋势[J].地下空间,1998.11.

[12] 俞礼军.城市交通可持续发展理论研究[D].长安大学博士学位论文,2002.

[13] 马桂贞.铁路场站及枢纽[M].成都:西南交通大学出版社,1993.

[14] 北京城建设计院.广州市城市轨道交通线网规划[R].北京:1997.

[15] 张生瑞,周伟.高速公路建设项目的神经网络综合评价方法研究[J].中国公路学报,第14卷第4期2001.

[16] 陆化普.解析城市交通[M].北京:中国水利水电出版社,2001.

[17] 孙小年,姜彩良.城市客运交通换乘衔接的综合评价[J].交通世界,2005.6.

[18] 上海市建设委员会课题组.上海公共交通换乘枢纽研究[J].上海综合经济,1997年第7期.

[19] 林涛,刘君德.我国中心城市的近今发展[J].城市规划,2000,24(3):26-30.

[20] 朱宏任.中心城市-经济的中心[J].中国经济信息,2004,(24):67-69.

[21] Mark J. Jensen, Charles L. Leven. Quality of life in central cities and suburbs[J]. The annals of regional science,1997,(31):431 - 449.

[22] 黄文忠.上海卫星城及中国城市化道路[M].上海:上海人民出版社,2003.

[23] 山鹿诚次著,朱得泽译.城市地理学[M].湖北:湖北教育出版社,1986.

[24] 侯景新.论区域规划中的中心城市与周边城市协调布局[J].中国软科学,2002,(10):93-97.

[25] 周一星.城市地理学[M].北京:商务印书馆,1995.

[26] 秦应兵,杜文.城市轨道交通对城市结构的影响因素分析[J].西南交通大学学报,2000,(6):284-287.

[27] 丘梓岐著.深圳、香港道路建设与管理研究[M].北京:人民交通出版社,1999.

[28] 张京祥.城镇群体空间组合[M].南京:东南大学出版社,2000.

[29] 韩彪.交通经济论——城市交通理论、政策与实践[M].北京:.经济管理出版社,2000.

[30] 徐国弟等.21世纪长江经济带综合开发[M].北京:中国计划出版社,1999.

[31] 张国伍.综合交通枢纽智能化系统刍论[J].交通运输系统工程与信息,2001.5.

[32] 陆锡明,朱洪.《上海市城市交通白皮书》简介[J].道路交通管理,2002.

[33] 王长君.我国城市交通管理智能化的问题与对策[J].交通运输系统工程与信息,2001,(3).

[34] 张颉,任福田等.北京城市自行车与公共交通换乘研究[J].中国公路学报,1995.

[35] 詹运洲.城市客运交通政策研究及交通结构优化[M].北京:人民交通出版社,2001.

[36] 王炜等著.城市公共交通系统规划方法与管理技术[M].科学出版社,2002.

[37] 交通部科学技术情报研究所. 综合运输规划理论方法的研究与应用[R]. 1991.8.

[38] 刘灿齐. 现代交通规划学[M]. 北京:人民交通出版社, 2001.

[39] 陈宽民. 城市交通系统分析与应用[D]. 长安大学博士学位论文,2003.5.

[40] 黄中祥. 区域交通规划中的系统思维[J]. 长沙交通学院学报,1996.12.

[41] 覃煜等. 铁路客运与市内公交衔接协调性的评价分析[J]. 武汉交通科技大学学报, 200.4.